장도리의 대한민국 現在史 2013~14

세월의 기억

기억하고 기록한다는 것

　내년이면 장도리를 연재한 지도 어느덧 20년째가 됩니다. 20년이란 세월은 강산이 두 번 변하고 다섯 명의 대통령이 임무를 교대한 긴 시간입니다. 그간 우리 사회 모습에도 많은 변화가 있었습니다.

　장도리 연재를 시작하던 시기는 강한 카리스마를 내뿜는 3인의 거물 정치인을 중심으로 정계가 움직이는 소위 '3김 시대'였습니다. 대우그룹을 이끌며 세계를 호령하던 김우중 씨가 좌절하는 모습을 지켜보기도 했지요. 이후로도 수많은 인물들이 정치, 사회, 경제 각 분야에서 역사적인 의미를 남기기 위해 시대의 거친 파도 위에 오르기를 서슴지 않았습니다. 어떤 이는 시대의 요구를 받아들여 자신의 의지를 세상 속에 펼치는가 하면 어떤 이는 시대의 흐름을 읽지 못하고 무모한 길을 걷다 몰락하기도 했습니다.

매일 연재되는 신문만화 속에는 그러한 인간 군상들이 수없이 등장하고 퇴장합니다. 화려하게 등장하는 인물이든 스쳐 지나가는 인물이든 그들은 모두 자신의 시대적 역할이 끝나면 쓸쓸히 무대 뒤편으로 사라질 수밖에 없습니다.

끊임없이 무대에 서는 사람들은 평범하게 살아가는 이웃들입니다. 그들은 재벌의 횡포 속에 신음하는 골목길 상점의 주인으로, 심화되는 빈익빈 경제구조 속에서 소주 한 잔으로 마음을 달래는 샐러리맨으로, 대통령의 공약에 기대를 걸다 뒤통수를 맞은 유권자로 4컷 만화 속에서 언제나 숨 쉬고 있었습니다. 결국 우리의 역사는 역사책에 이름을 남기는 몇몇 사람들이 아니라 공장에서, 골목 상점에서, 사무실에서, 농어촌에서 묵묵히 일하며 살아가는 우리 이웃들이 만들어나가는 것이고, 그들이 역사의 주인공인 것입니다.

그러나 우리 역사의 주인공들이 과연 주인공의 삶을 살고 있는지는 의문일 수밖에 없습니다. 자신이 주인공임을 자처하며 역사의 무대에 잠시 등장했다가 사라지는 사람들 중에는 이 사회의 진정한 주인공들을 핍박하고 능멸하는 이가 많았습니다. 죄를 짓고도 합당한 처벌을 받지 않고 더러운 거래를 통해 사회의 모순을 키워왔지요. 그리고 그 모순의 정도가 극에 달할 때 죄 없는 주인공들은 거대한 재앙을 만나야 했습니다. 대부분의 만화나 영화 속 주인공은 악의 무리를 소탕하고 결말까지 살아남지만 현실의 주인공들은 재앙 앞에서 무력하기만 합니다.

장도리를 연재하기 시작한 해에 대구 가스폭발 사고와 삼풍백화점 붕괴 사고로 수많은 인명이 희생된 사실을 만화 속에 담아야 했고, 이후 KAL기 추락, 씨랜드 화재, 대구 지하철 화재 등 있어서는 안 될 일들에 의해 국민들은 피눈물을 흘려야 했습니다.

반복되는 대형 참사를 겪으면서도 땜질식 처방과 대책, 비리의 핵심에 다가가지 못하는 처벌만이 이루어졌습니다. 우리 사회의 적폐는 탐욕으로 물든 세력들에 의해 더욱 단단하게 쌓여만 가고 그것이 무능한 정부와 만나 또 한 차례 큰 재앙을 가져왔습니다.

지난해에 장도리 단행본《516공화국》이 나온 이후로도 변함없이 하루하루 그려진 만화가 다시 단행본 한 권 분량으로 쌓여《세월의 기억》이라는 제목으로 출간됩니다. 지난 1년간 장도리는 예전과 변함없는 연재를 이어갔지만 장도리에 담긴 우리의 삶은 잊힐 수 없는 큰 공포와 슬픔의 상처를 입은 모습입니다.

2014년 봄, 전쟁처럼 닥친 세월호 참사는 탐욕적 비리 사회의 실체와 정부의 무능을 그대로 드러낸 사건이었습니다. 또한 국가 안보와 안정을 앞세우는 한국 보수세력의 집권이 결코 국민의 안전을 보장하지 못한다는 사실도 확인할 수 있었습니다. 오히려 그들은 진실을 밝히려는 국민들에게 비국민의 형틀을 씌워 위기를 모면하려는 구시대적 행태를 보일 뿐이었습니다.

상처는 치유해야 하지만 상처의 원인은 밝혀내고 기억해야 합니다.
잔인했던 세월의 기억을 위해 지워지지 않는 기록을 해야 합니다.
더 이상의 비극이 있어선 안 된다는 소망을 품고 우리의 기억 속에 참사를 각인합니다.

《세월의 기억》은 《나는 99%다》, 《516공화국》에 이은 장도리의 대한민국 현재사 시리즈 세 번째 책입니다.

장도리가 20년 가까이 연재를 지속하면서 대한민국 현재사 시리즈까지 출간할 수 있는 힘은 장도리의 소재가 떨어져 연재 종료가 되는 날을 기다리며 장도리에 응원을 보내주시는 독자님들로부터 나오는 것입니다.

〈경향신문〉을 통해, 또는 SNS와 여러 커뮤니티를 통해 장도리를 만나고 격려해주시는 독자님들께 감사의 말씀을 드리며 더욱 좋은 만화를 만들어내도록 노력하겠습니다.

2014년 11월

박순찬

장도리의 대한민국 現在史 2013~14

세월의 기억

차례

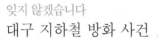

1장
99%, 안녕들 하십니까?
– 여전히 안녕하지 못한 국민

바가지

미래창조과학부 국정감사에서 강동원 의원이 '갤럭시노트3'의 국내 출고가가 미국보다 29만 원 비싸다며
국내 단말기 제조업체가 스마트폰을 국내 소비자에게 훨씬 비싸게 팔고 있음을 밝힙니다.
전병헌 의원도 삼성전자가 지난해부터 올해 8월까지 국내에 출시한 스마트폰 평균 출고가는 76만 6,465원으로
같은 기간 글로벌 평균 판매 가격인 315달러(약 33만 8,000원)보다 2.3배 정도 비싼 것으로 확인됐다고 밝힙니다.
고가 스마트폰에 대해 통신사는 보조금을 지원해 판매를 유도하고 소비자들에게 높은 통신료를 부담하게 합니다.

너 때문이야

신의진 새누리당 의원이 게임을 마약, 술, 도박과 함께 4대 중독물로 규정하고 보건복지부가 규제 권한을 갖는
'4대중독예방관리제도(일명 게임중독법)'를 추진한다고 밝혀 게이머들과 네티즌들의 강한 반발을 사고 있습니다.
해외에서는 첨단 예술로 대접받는 게임이 한국에서는 중독 물질 취급을 받습니다.

유인촌 전 문화체육관광부 장관이 한 언론사와의 인터뷰에서 '좌파 정권 10년에서 다른 기조로 바꾸는 데
(이명박 정부가) 역할을 했다'며 '그때 (종북 세력을) 상당 부분 걸러서 현 정권에 넘겨줬다'고 말합니다.
아주 큰 공 세우셨습니다.

두려움의 종류

김태흠 의원이 국회 청소노동자들의 무기계약직이 논의되고 있던 국회 운영위원회 전체 회의에서
"이 사람들 무기계약직 되면 노동 3권 보장돼요. 툭하면 파업할 텐데 어떻게 관리하려고 그래요." 하고 말합니다.
이 발언으로 여론의 질타를 받은 김태흠 의원은 "청소용역인지 뭔지 때문에 요즘 죽을 맛이다.
악플 댓글로 자살하는 연예인들의 심정을 알겠다." 이런 막말을 늘어놓습니다.

안녕들 하십니까?

한 고려대 재학생이 손글씨로 작성한 '안녕들 하십니까?'라는 제목의 대자보가
전국의 대학가와 고등학교, 시민들 사이에 큰 반향을 일으키고 있습니다.
'안녕들 하십니까?'라는 작은 물음이 많은 사람들로 하여금 등록금과 취업난 등으로 고통받는 청년들의 현실과
민주주의의 위기 상황을 살펴보게 합니다.

종이라도…

대자보 열풍이 확산되고 있습니다. 어느 세대보다 디지털 문화에 친숙한 대학생들이
아날로그 방식의 손글씨 대자보를 통해 자신들의 의견을 알리고 있습니다.
이는 기존 언론에 대한 불신과 공작 정치에 오염된 SNS로부터의 도피 현상이기도 할 것입니다.

대책

김관진 국방부 장관이 전군 주요 지휘관 화상회의를 주재한 자리에서
'내년 1월 하순에서 3월 초순 사이에 북한이 도발할 가능성이 크다'는 예측을 내놓습니다.
청년들의 눈물이 '안녕들 하십니까?'라는 대자보를 통해 쏟아져 나오는 가운데
'북의 도발'이라는 전가의 보도를 빼들어 으름장을 놓습니다.

피맛골

정부는 철도 민영화 추진을 부인하고 있지만 '경쟁 체제 도입'을 통한 경영 효율화 방안이라고 주장하는
수서발 고속철도(KTX) 자회사 설립이 철도 민영화의 수순 아니냐는 의구심을 불러일으키고 있습니다.
또한 정부가 KTX의 요금 상한제를 폐지하는 대책을 세운 것으로 알려지고,
이는 코레일 적자를 줄이기 위해 '부자 열차'를 활성화하겠다는 의도로 보입니다.
철도와 의료 등 공공서비스 분야의 민영화 움직임에 서민들은 불안하기만 합니다.

촛불

삼성-현대 2통 시대

촛불

새해가 밝았지만 이 땅의 현실은 그리 밝지 않습니다. 민주적 소통은 사라지고 독선과 불통의 정치가
사회를 억누르고 있습니다. 경제정책은 개발독재 시대의 방식을 되살리고 있습니다.
그래도 시민들은 민주주의를 후퇴시키려는 움직임에 맞서 촛불을 밝히고 있습니다.

삼성-현대 2통 시대

자영업자들의 곡소리가 계속되는 가운데 삼성과 현대자동차 두 그룹의 매출이 국내총생산의 3분의 1을 차지하는
지경에 이릅니다. 불법·탈법을 묵인하고 공정한 경쟁을 막아 재벌의 피라미드를 쌓아갑니다.

삼성고시

삼성이 신입사원 채용에서 지나친 스펙 경쟁을 방지하기 위해 20년 만에 서류전형을 부활시켰다고 합니다.
재벌 권력이 요구하는 또 다른 스펙을 위해 대한민국 청년들은 오늘도 그들의 정신력을 쏟아붓습니다.

인간신발

캄보디아에 진출한 한국 기업 노동자들이 임금 인상을 요구하다 경찰과 군대의 무차별 진압으로 목숨을 잃습니다.
이윤 창출이 숙명인 기업의 끊임없는 탐욕은 노동자들의 희생을 요구합니다. 교통과 통신의 발달로
이제 어느 나라에서든 생산이 용이하게 되어 노예선으로 노동력을 실어 나를 필요가 없는 글로벌 시대가 되었습니다.

주한 미군 방위비 분담금이 작년 대비 5.8퍼센트 증가한 9,200억 원으로 책정됩니다.
유승민 국방위원장이 개최한 세미나에서 북핵 미사일의 서울 도달 시간이 11분 15초라는 분석이 발표되자
언론에서는 이에 확성기를 대줍니다.

위대한 국민?

카드사 개인 정보 유출 사태로 국민들의 불안감이 커지고 카드회사와 당국에 대한 비난 여론이 커지자
현오석 경제부총리 겸 기획재정부 장관이 '어리석은 사람은 무슨 일 터지면 책임을 따진다'며 정보 유출 사태를
소비자들의 탓으로 돌리는 발언을 합니다. '조센징'은 맞아야 정신 차린다는 일제강점기 식민 통치의 정신을 이어받은
국민 비하 철학이 바탕이 되지 않으면 나오기 힘든 실언입니다.

모든 길은 삼성으로

삼성그룹이 내놓은 신입 채용 대학총장 추천제가 큰 반발을 불러일으키자 새 채용제도 계획을 폐기하기에 이릅니다.
삼성 미래전략실 이인용 사장은 '대학과 취업준비생에게 혼선을 드려 대단히 죄송하다'면서
'작년까지 시행했던 제도로 돌아간다'고 밝힙니다. 국민들은 이번 사태로 삼성의 위상을 재확인하게 되었습니다.
모든 길은 삼성으로 통하고 모든 돈은 재벌 일가로 흘러 들어갑니다.

〈또 하나의 약속〉

시민들이 십시일반 모은 돈으로 제작된 영화 〈또 하나의 약속〉이 주류 언론의 외면 속에도 많은 관심을 얻고 있습니다.
돈과 기업과 성장이라는 가치에 밀려난 인간의 가치를 회복하고자 하는 바람일 것입니다.

차별

아프리카에서 온 예술가들이 노예 같은 취급을 받고 있었습니다.
국격을 추락시킨 사건이라며 분노하지만 이것은 한국에 사는 사람들의 인격 문제입니다.

아파요

수천억대 횡령 및 배임 혐의로 기소된 한화그룹 김승연 회장이 집행유예로 석방됩니다.
백혈병으로 투병하다 사망한 노동자들이 가꾼 기업의 회장님은 4년 연속 1,000억대 배당금을 받았다는 소식입니다.

영웅

전쟁이나 올림픽은 국가와 민족을 유난히 강조하게 마련입니다.
올림픽 기간뿐 아니라 평소에도 전투적인 일상이 펼쳐지는 대한민국에서는 배타적 민족주의가 자리 잡기 쉽고,
이는 파시즘의 토양이 됩니다.

충성

금메달

죄송합니다

충성

현대·기아차그룹이 연비 과장 사태로 미국과 캐나다 소비자들에게 5,000억 원 가까운 보상금을 지급하기로 합의합니다.
이에 반해 기아차 K5 하이브리드의 연비 과장으로 손해를 봤다며 소송을 제기한 김모 씨는 원고 패소 판결을 받습니다.
아껴주면 차별하고 충성하면 뒤통수 치는 한국식 자본주의 모습입니다.

금메달

소치에서 날아오는 메달 소식에 환호할 때 미국으로부터 슬픈 소식이 전해집니다.
세 살배기 어린이가 양아버지에게 맞아 숨지고 만 것입니다.
고아 수출국 1위의 불명예를 고수하고 있는 한국에서 입양된 어린이였습니다.

죄송합니다

생활고를 비관한 모녀 셋이 스스로 목숨을 끊은 현장에서 현금 70만 원이 든 봉투와 집주인에게 '공과금 밀려서
죄송합니다'라고 쓴 메모가 발견돼 안타까움을 자아냅니다. 자본주의 경제체제에서 복지는 시혜가 아닙니다.
부를 획득할 수 있는 기회의 테두리 밖에서 희생되는 부분에 대한 보상입니다.

창조경제와 새 정치

안철수 의원의 새정치연합과 민주당이 새정치민주연합으로 통합, 출범합니다.
통합과 새 정치라는 대의명분으로 새누리당과 양당 구조를 형성해갈수록 이념 정당은 시들어갑니다.

텔레마케팅업체가 실적 부진을 이유로 노동자들에게 폭행을 가하고 오리걸음을 시킨 것으로 드러나 많은 이들이 분노하고 있습니다. 오로지 돈만을 숭배하는 천민자본주의의 한 단면입니다.

어느 나라 국민이냐

1인당 국민총소득이 2만 6,000달러를 넘어섰다는 소식입니다. 4인 가족으로 치면 1억 1,000만 원이 넘는 액수입니다.
남의 나라 이야기가 아닌 대한민국 이야기입니다.

다리 밑

한국에서 촬영 중인 〈어벤져스2〉의 제작팀이 마포대교 아래서 자살로 추정되는 시신을 발견해 충격을 주고 있습니다.
대한민국 한강을 비추는 화려한 불빛에 가려진 어두운 삶의 모습입니다.

면접

KBS와 대기업들이 신입사원 면접 과정에서 노조 가입 의사와 존경하는 대통령을 물어보는 등
응시자의 사상을 검증하는 듯한 질문들을 한 것으로 드러납니다.
스펙뿐 아니라 사상 무장도 필요한 시대입니다.

재앙

비상식적인 일들이 방치되고 쌓이면 결국 비상식적인 재앙이 일어나게 됩니다.
우리 모두가 죄인입니다.

탐욕과 무능이 만나니

세월호는 일본에서 18년간 운행한 후 퇴역한 여객선을 수입해 증축한 배입니다.
이명박 정부 시절 규제가 완화되어 운영 연한이 20년에서 30년으로 늘어났기에 가능한 일입니다.
여기에 현 정부의 무능이 결합되어 결국 대재앙을 낳고 말았습니다.

미개한 국민들

장관들이 세월호 침몰 실종자 가족들이 머물고 있는 진도체육관을 방문해 라면을 먹고 기념촬영을 해
여론의 질타를 받고 있습니다. 새누리당 서울시장 예비후보인 정몽준 의원의 막내아들은
'국민이 미개하니까 국가도 미개한 것 아니겠느냐'는 글을 자신의 페이스북에 올려 분노를 삽니다.
의무는 내팽개치고 권력만 앞세우는 정부는 정부가 아니라 지배자일 뿐입니다.
야만의 시대, 약자들의 피눈물이 바다를 이룹니다.

악몽

가만히 있으라

악몽

승객 수를 늘리기 위해 대폭 증축된 세월호가 급선회 중 균형을 잃고 침몰했다는 분석이 나옵니다.
침몰 직전 선내 방송에서는 대피하지 말고 자리를 지키라는 멘트가 반복됐습니다. 19년 전 악몽의 재현입니다.

가만히 있으라

가만히 있으라는 방송만을 남기고 어린 생명들을 뒤로한 채 배를 버리고 탈출한 선장과 승무원들의 행동은
대한민국 VIP들의 처세 방식을 답습한 것일 뿐입니다. 더 이상 그들에게 우리들의 운명을 맡길 수는 없습니다.

전복 세력

끊이지 않는 대형 참사의 근본 원인은 브레이크 없는 인간의 탐욕입니다. 대한민국 기득권 세력은 그들의 탐욕을 위해
수많은 생명을 희생시켰으면서도 애국 보수라는 포장으로 권력을 유지해나갑니다.

부자 되세요

조문 행렬이 이어지고 있습니다. 어른들이 흘리는 참회의 눈물이 비가 되어 회색빛 도시를 적십니다.
우리 사회를 지배하고 있는 가치관에 대한 뼈저린 고민이 필요합니다.

차별 없는 곳으로

세월호 운항사인 청해진해운이 이곳에서 일했던 아르바이트 학생들에게는 장례비를 지원하지 않겠다고 밝혀
논란이 되고 있습니다. 세월호 참사로 대한민국의 민낯이 드러나고 있습니다.
관료마피아의 탐욕과 부패, 언론의 수준, 천박한 매카시즘과 비정규직에 대한 차별, 천민자본주의에 젖은 추악한 모습이
바다 위로 떠오릅니다.

흉탄

가족잃은 슬픔 안다
나도 부모님을…

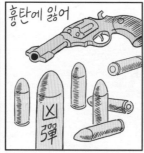
흉탄에 잃어
凶彈

아무죄없는 생명들은 왜…
분향소

흉탄에 희생되어야 하나
유착비리 끼리끼리 봐주기
뭉쳐야 돈번다

지금의 대한민국은 탐욕으로 똘똘 뭉쳐진 흉탄이 사방에서 빗발치고 있는 전시 상황입니다.
특히 백 없고 힘없는 서민층이 그 흉탄에 노출되어 있습니다.

순수

민경욱 청와대 대변인이 '순수 유가족'이라는 표현을 사용하여 세월호 참사 실종자 수색 과정에
불순 정치 세력이 개입한 듯 발언함으로써 여론의 질타를 받고 있습니다.
정부 관료와 언론인, 교수들이 세월호 참사로 인한 국민들의 상처를 헤집는 행태를 보입니다.
권력층의 위기 국면을 돌파하려는 파쇼적 광기가 도처에서 일고 있습니다.

세월호 참사는 대한민국 사회가 지니고 있는 병폐를 고스란히 드러낸 사건입니다.
여러 진단 또한 나오고 있습니다. 재앙은 인간이 만든 것입니다.
그 인간을 만들어낸 교육에 대해서, 스승의 날을 지나 생각해봅니다.

투표

유권자들이 소중한 한 표를 행사하여 지역의 일꾼을 뽑는 날입니다.
지역과 대한민국의 앞날은 우리 스스로가 만들어가는 것입니다.
크나큰 아픔 뒤에 성숙해진 대한민국을 만들기 위해 투표소에는 행렬이 이어집니다.

제6회 전국 동시 지방선거가 56.8퍼센트의 투표율로 치러졌습니다.
풀뿌리민주주의를 키우는 지방선거임과 동시에 우리에게 슬픔과 고통을 가져다주는
한국 사회의 고질적 병폐를 뿌리 뽑고자 하는 민심의 선거였습니다.

이유

문창극 총리 후보자가 지난 교회 강연에서 '식민지 지배는 하나님의 뜻이고 조선인은 게으르다'는 내용의 발언을
한 것으로 알려져 파문이 일고 있습니다. 문창극 후보자의 입을 통해 한국 엘리트 그룹의 역사관이 드러납니다.
다수 민중이 게으르고 미개하다는 의식을 주입하여 소수 지배 세력의 폭력과 수탈을 정당화하는 수법은
일제강점기로부터 지금까지 변함이 없습니다.

코리안 룰렛

살려내라

새똥

2014년 6월 18일

코리안 룰렛

고양터미널 공사 현장에서 불이 나 일곱 명이 유독가스에 질식해 숨지고 41명이 부상당합니다.

세월호 참사의 충격이 채 가시기 전에 또 비극적 사건이 발생합니다. 몇몇 사람들의 이익을 위한 대가입니다.

살려내라

27년 전 오늘은 이한열 열사가 전두환 독재정권에 의해 희생당한 날입니다.

세월이 흐르고 민주화가 되었어도 부패한 일당에 의해 젊은 청춘이 희생당하는 것은 여전합니다.

새똥

박근혜 대통령은 일제 강점 미화 발언 총리에 차떼기 연루 국정원장, 논문 표절 교육부 장관과

신임 청와대 교육문화수석, 검사 시절 맥주병 폭행 전력이 있는 신임 청와대 민정수석 등

다채로운 이력의 후보들을 지명 후 우즈베키스탄 순방을 떠납니다.

군대에서 석사

박사

어디 저 컴컴한 곳..

청년들은 비명횡사
전방

문창극 국무총리 지명자가 군 복무 기간 중 1년 반 동안 서울대 대학원에 다녔고 정종섭 안전행정부 장관 내정자는
군 복무 중 경희대와 연세대에서 석사학위를 따고 박사과정까지 마쳤다는 사실이 밝혀집니다.
한편 고성 22사단 GOP에서는 제대를 3개월 앞둔 관심사병이 총기를 난사해
다섯 명이 숨지고 일곱 명이 중경상을 입는 사건이 발생합니다.
세월호 참사에 이은 또 한 차례의 비극적 사건이 국민들의 마음을 짓누릅니다.

노예

고성 22사단 GOP 총기 난사 탈영 사건으로 군부대의 관심병사 관리시스템과 군 인권 실태가 주목받고 있습니다.
또한 김명수 교육장관 후보자의 제자 논문 갈취, 칼럼 대필 등의 부도덕성이 거론되며
한국 대학의 고질적 병폐가 다시 한 번 드러납니다.
군대와 대학이 장교와 교수들을 위해 젊은이들을 노예 생활로 내몬 결과입니다.

역사를 잊은 민족에게는

아베 정부가 전범 국가인 일본의 집단적 자위권 행사를 가능하게 하는 헌법 해석 변경을 의결합니다.

1945년 패전 이후 69년 동안 지켜온 전수 방위 원칙과 평화 헌법이 무력화됨으로써

이제 일본은 전쟁을 할 수 있는 나라가 되었습니다.

일본의 재무장은 세계 패권을 꿈꾸는 중국을 견제하기 위한 미국의 용인하에 이루어진 일입니다.

격랑에 휩싸인 동북아에서 한국 정부는 어떠한 역사 인식으로 대처할지 의문입니다

표절 공화국

총리나 장관 후보로 거명되는 소위 지식인 엘리트들의 검증 과정에서 걸핏하면 드러나는 것이 논문 표절입니다.
김명수 교육부 장관 후보자 역시 연구비와 실적을 위해 제자의 논문을 표절하고 가로챘다고 합니다.
그가 5·16 쿠데타에 대해 '경제 상황을 고려한 불가피한 선택'이라는 입장을 밝힌 것에서도
무력이나 지위를 이용해 불법적이고 부당한 방식으로 목적을 달성하는 것을 정당화하는 데 스스럼없다는 점이 드러납니다.

꿈

"자본이 돈을 버는 속도가 노동으로 돈을 버는 속도보다 훨씬 빠르기 때문에 부의 불평등은 심화될 수밖에 없다."
"자본주의에서 최고의 부자들은 자신의 노력이나 능력과는 아무런 관계가 없이 유산을 많이 받은 자들일 따름이다."
프랑스 경제학자 토마 피케티 교수의 저서 《21세기 자본》이 세계적인 관심을 불러일으키고 있습니다.
최저임금을 받는 노동자가 서울 전세 아파트를 얻으려면 번 돈을 한 푼도 쓰지 않고 22년 5개월을 모아야 하는
한국 사회에서는 여전히 20세기식 '잘 살아보세!' 구호만이 울려 퍼집니다.

강자와 약자

경기 침체가 지속되고 자영업자들이 절망의 구렁텅이에서 신음하는 가운데,
2011년 1분기에 21조 5,357억 원이던 삼성전자 현금 보유액이 올 1분기에는 59조 4,121억 원으로 세 배가 늘고,
현대차는 2011년 말 15조 6,416억 원이었던 것에서 23조 8,600억 원으로 8조 원 넘게 증가했으며
SK하이닉스도 2조 924억 원에서 3조 1,380억 원이 됐다는 소식입니다.
세 재벌 기업의 현금 보유액만 86조 4,000억 원이 넘습니다.
재벌에 대한 특혜와 관용에 힘입어 날이 갈수록 부의 쏠림 현상은 심화되고, 견제와 감시의 눈은 약자들만을 향합니다.

침묵

세월호 승무원들에 대한 공판에 증인으로 참여한 단원고 생존 학생은 '손 닿을 거리에 있던 고무보트 탄 해경은 비상구에서 바다로 떨어진 사람들을 건져 올리기만 했다. 비상구 안쪽에 친구들이 많이 남아 있다고 말했는데도 가만히 바라보기만 했다'고 증언합니다. 위기에 처한 사람에게 도움의 손길을 건네는 것은 인간으로서 당연한 행동이지만 탐욕은 눈을 멀게 하고 침묵하게 만듭니다.

악마

군사독재 시절 고문실에서 자행되었을 법한 극악무도한 집단 폭행 살인 사건이 군부대 내에서 일어나 충격을 주고 있습니다.
28사단의 윤 일병은 행동이 느리다는 이유로 집단 구타를 당하고 물고문과 성고문 등
잔학하고 야만적인 학대를 받은 끝에 숨지고 말았습니다. 폐쇄적인 군대, 허술한 병사 관리가 낳은 비극적 사건입니다.
때마침 〈뉴욕타임스〉에는 한국 교육에 대한 비판적 기고문이 실렸습니다.
입시 학원과 권위주의적 교육 방식이 아동학대 수준이라는 글입니다.
학대를 당하고 자란 아이들은 학대를 하는 가해자가 될 가능성이 큽니다.

힘이 정의다

피멍

힘이 정의다

천민자본주의 사회가 인권 의식의 부재와 인명 경시의 풍조, 인문 철학의 결핍과 맞물려 악마들을 키워내고 있습니다.
독립운동가를 짓밟고 소녀들을 성 노예로 만든 일제에 부역한 세력과 그의 후손들이 지배층으로 군림하고,
학살과 고문의 책임자가 떳떳이 황제 경호를 받고 고위층 행세를 하는 사회에서는
어떤 것이 정의이고 불의이며 선과 악인지, 가치관의 혼란이 야기될 수밖에 없습니다.

피멍

피멍이 든 윤 일병의 시신은 그에게 군대가 얼마나 지옥 같은 곳이었는지 말해줍니다.
세월호 유가족들의 가슴에 든 피멍 또한 이 사회가 군대와 같은 병영 사회임을 보여줍니다.

이 땅의 청춘들

걸그룹 레이디스코드의 멤버 은비가 지난 3일 새벽, 지방에서 방송 녹화를 마치고 서울로 오던 중 교통사고로
유명을 달리합니다. 걸그룹의 화려한 무대 뒤에는 연예인 기획사의 치열한 경쟁 속에서 혹사당하는 청소년 연예인들의
현실이 있습니다. 나의 노래로 꿈을 키우고 새로운 미래를 만들어나가야 할 젊은이들이
기성세대가 만든 탐욕의 시스템 안에서 신음하고 있습니다.

낮은 곳으로

로마가톨릭교회의 제266대 프란치스코 교황이 한국을 방문했습니다.
가난한 이를 위한 교회를 강조하며 중고차를 직접 운전하고, 규제 없는 자본주의를 새로운 독재라고 규정하는 등
서민적인 행보와 날카로운 현실 인식을 보여주고 있습니다. 한국의 천주교 신자뿐 아니라
자본 권력의 횡포 아래서 신음하는 수많은 민중들이 치유의 메시지를 갈구합니다.

릴레이

김영오 씨가 단식을 중단한 이후에도 세월호 참사 진상 규명을 위한 특별법 제정을 촉구하는 시민들의 동조 단식이
이어지고 있습니다. 그러나 집권 세력 및 보수층 일각에서는 진실 규명을 위한 유가족과 시민들의 노력에 배후론을 제기하고,
이를 국가 경제의 방해 세력으로 호도하는 수법으로 세월호 정국에서 벗어나려 하고 있습니다.
오랜 세월 동안 이어져온 인명 경시 전체주의 가치관과 기득권 세력의 부패 고리는 쉽게 사라질 수 없는 것입니다.
긴 시간이 필요하더라도 인내심을 가지고 노력해야 반복되는 대형 참사를 막을 수 있을 것입니다.

집 사세요

정부가 규제 합리화를 통한 주택시장 활력 회복 및 서민 주거안정 강화 방안의 하나인 9·1 부동산 대책을 발표합니다.
이번 부동산 대책 역시 박근혜 정부의 규제 완화 정책 기조에 따라 재건축 규제와 전매 제한, 분양가 상한제 등을 없애고
대출을 늘려 부동산시장을 활성화하겠다는 방침입니다. 대한민국 고위 관료의 필수과목이 땅 투기인 만큼
경제정책의 방향도 부동산을 통한 상위 계층의 재산 늘리기가 될 수밖에 없습니다

슈퍼문

이번 추석에는 달이 지구와 가까워지면서 나타나는 현상인 슈퍼문이 전국을 밝힙니다.
보름달처럼 넉넉한 한가위가 되길 희망하지만 도시의 현실은 밝지 않습니다.
거대 재벌의 횡포 아래 자영업자들이 신음하는 가운데 정부가 지원하는 동네 슈퍼인 '나들가게'마저
5년여 만에 1,000곳 넘게 문을 닫았다고 합니다. 재벌들에 대해서는 관용과 혜택을 아끼지 않는 한편
서민들에게는 형식적이고 보여주기식 정책뿐인 상황에서 부의 독점은 더욱 가속화되고 있습니다.
게다가 권력층 일각에서는 민생 경제의 어려움을 세월호 특별법 요구 탓으로 돌리며
경제 현실의 구조적 문제를 호도하고 있습니다.

담뱃값

이인호 KBS 신임 이사장이 조부의 친일 행적을 두고 "유학의 세를 늘려가기 위해 일제 통치 체제하에서 타협하면서 사신 것이다. (조선유도연합회에) 취직을 하셨고, 맡아서 했던 것이다. 그런 식으로 친일을 단죄하면 일제시대 중산층은 다 친일파다." 이렇게 해명합니다. 담뱃값이 올라도 금연하기 어려운, 속 터지는 시절입니다.

가정맹어호(苛政猛於虎)

재벌들의 업종 침해와 노동력 착취로 중소상인과 비정규직 노동자들의 한숨이 커져가는 중에도
정부는 부동산 규제 완화, 담뱃값 인상, 주민세 인상 등 가진 자들의 부담은 덜어주고 서민들의 고혈을 짜내는 정책에
박차를 가합니다. 노동력과 세금으로도 부족해 재난이 일어났을 때는 목숨의 희생과 침묵을 요구합니다.

대한민국의 고질적인 안전 불감증과 부패 사슬은
끊임없는 대형 참사를 불러왔고 이로 인해
수많은 국민들이 억울한 희생을 당했습니다.
사고를 겪지 않은 사람들도 언제
비극의 당사자가 될지 모른다는 두려움으로
살아갈 수밖에 없는 사회입니다.
똑같은 참극을 되풀이하지 않기 위해서는
다시 생각하고 싶지 않은 일이라 할지라도
사태를 직시하고 기록하여 기억하는 과정이
필요할 것입니다. 비극을 반복하는
우리 사회의 모순과 병폐를 치유하여 보다
안전한 사회를 만들어가고자 하는 소망으로
1995년 이후 〈장도리〉에 기록된
대형 사고들을 되돌아봤습니다.

대구 지하철 공사장 가스폭발 사고

1995년 4월 28일 오전 7시 52분경, 대구광역시 달서구 상인동 영남고교 사거리 지하철 1호선 제1~2구간 공사장에서 발생한 폭발 사고. 폭발음과 함께 50여 미터의 불기둥이 치솟고, 차량 통행을 위해 공사장 위에 임시 설치한 복공판이 400미터 구간에서 무너졌다. 학생 42명을 포함 101명이 사망, 202명이 부상을 입고, 건물 346채, 자동차 152대가 파손되었다. 피해액은 540억 원에 다다른다. 사상자 규모로는 역대 세계 지하철 참사 가운데 3위다.(출처 : 위키백과)

2장

겨울왕국

– 불러도 대답 없는 그 이름, 대통령

박근혜 대통령이 대선 후보 시절 65세 이상 모든 노인에게 기초연금을 월 20만 원씩 지급하겠다던 공약을 폐기하고
소득 하위 70퍼센트 노인에게만 차등 지급하는 정부안을 확정합니다.
거짓말을 남발해도 노인층들의 지지율은 굳건하기만 합니다.

편한 대로

복지를 확대하고 경제민주화를 추진하겠다는 선거 때 구호는 이제 흘러간 옛 노래가 되었습니다.
박근혜 정권은 재벌 기득권의 이익을 위해 대선 공약쯤은 헌신짝 버리듯 하고 있습니다.

대결

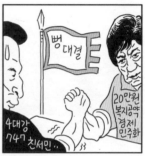

2007년 남북정상회담에서 고 노무현 전 대통령이 서해 NLL(북방한계선) 포기 발언을 했는가에 대한 논란이 벌어진 끝에
국정원은 남북정상회담 회의록 공개를 강행합니다. 이후 여야 합의로 국가기록원이 보유한 관련 자료를 열람하게 되지만
'대화록 실종' 사태라는 예상치 못한 상황에 봉착하게 되고, '사초 실종'에 대한 검찰 수사까지 벌어지게 됩니다.
국정원의 대선 개입 사건과 박근혜 정부의 공약 파기 등 실정을 덮기 위해 전 정권에 대한 총공격을 감행하는 형국입니다.

춤

걸그룹 크레용팝의 〈빠빠빠〉가 독특한 댄스와 함께 인기를 얻고 있습니다.
대선 후보 시절 싸이의 '말춤'으로 선거운동을 한 박근혜 대통령도 크레용팝의 '손바닥 뒤집기 춤'을 선보이고 있습니다.

시골 어르신, 서울 어르신

경남 밀양 송전탑 공사 현장에 반대 주민과 경찰, 한전 직원들 사이의 충돌로 부상자가 잇따르고 있습니다.
일부 어르신들은 몸에 쇠사슬을 묶고 대치하다 실신해 구급차에 실려가기도 합니다.
권력층 어르신들은 전성시대를 누리고, 시골 어르신들은 공권력에 짓밟힙니다.

어험~!

국가보훈처가 대통령 선거를 앞두고 보수 단체 간부와 초·중·고 교장·교감 등을 상대로 박정희 전 대통령을 칭송하고
민주·진보 세력을 '종북 좌파'로 공격하는 내용의 안보 교육을 실시한 것으로 밝혀집니다.
국정원과 군의 댓글 공작, 국가보훈처의 안보 교육 등 국가기관이 전방위적으로 대선에 개입했음이 드러나고 있습니다.

육영수 스타일

27일 지명된 김진태 검찰총장 후보와 황찬현 감사원장 후보는 모두 경남 출신으로
김기춘 청와대 비서실장의 측근으로 알려집니다. 4대 권력기관인 감사원과 검찰, 경찰, 국세청 중 두 곳의 수장이
특정 지역 출신으로 채워지자 'PK 출신인 김기춘 비서실장이 청와대에 입성한 뒤
영남' 출신의 요직 독식이 본격화됐다'는 비판이 일고 있습니다.

어머니의 마음으로

김진태 검찰총장 후보가 인사 청문회를 앞두고 땅 투기와 증여세 누락, 아들의 병역 회피 의혹에 휩싸입니다.

황찬현 감사원장 후보는 고도근시로 병역을 면제받은 사실이 드러나 논란을 불러일으킵니다.

언제나 그렇듯이 박근혜 정권은 땅 투기와 탈세, 병역기피 등 기득권층의 부정과 비리에 대해 크나큰 아량을 보이고 있습니다.

2013년 11월 1일

7인회 잘 나가고
김기춘 서청원

3공찬양 드높으니

1방독주 그 누가 막으랴
공약

731
열심히 하세요~
747
(7수있는 4기 다 7터)

외국어 실력

2013년 11월 5일

영어

중국어

불어

귀막어
한국

포크질 공화국

731

박근혜 정권의 과거 회기식 행보가 국민들의 우려를 자아내고 있습니다.
'신 386'으로 불리는 올드보이들을 불러들이고 불통의 정치를 펼치면서 과거 독재 정권 시절의 향수에 젖는 듯합니다.

외국어 실력

5개국의 언어를 구사하는 것으로 알려진 박근혜 대통령은 외국 순방 때마다 외국어 실력을 발휘합니다.
중국 칭화대에서 22분 중 4분을 중국어로 연설하여 기립 박수를 받은 바 있고, 현재 프랑스를 방문 중인 박 대통령은
한국·프랑스 경제인 간담회에서 20여 분간의 연설을 모두 프랑스어로 진행하여 국내 언론들의 칭송을 받고 있습니다.

포크질 공화국

정부가 통합진보당 해산 심판 청구를 하고 종북몰이를 가속화하는 가운데 새누리당이 반국가 이적 단체로 판명된
시민사회단체를 강제해산할 수 있는 법안을 통과시키겠다고 나섭니다. 전교조는 법외노조 통보를 받고,
소신대로 직무를 수행한 검찰총장은 퇴출되는 등 미운털 박힌 사람들은 밤새 무슨 일을 당할지 모르는 시절입니다.

어딜

박근혜 대통령이 국회 시정연설을 위해 국회의사당 현관으로 입장하는 도중 박 대통령에 접근하려는 새누리당 윤상현 원내수석 부대표를 정진석 국회 사무총장이 제지하는 모습이 포착돼 화제가 되고 있습니다. 정진석 사무총장은 새누리당 윤상현 의원이 들이대는 바람에 자칫 어깨가 박 대통령과 부딪힐 수도 있을 것 같아 순간 본능적으로 윤 의원을 손으로 제지하게 됐던 것이라며 "윤 의원, 다음부터는 함부로 들이대지 말고 국회 의전을 존중해주세요." 하는 말을 남겼다 합니다.

지지율

박근혜 대통령의 지지율이 각종 여론조사에서 일제히 하락하고 있습니다.

여론조사 기관들은 새누리당의 감사원장 임명 동의안 단독 처리, 정의구현사제단의 시국 미사 등을 둘러싼

여야 공방이 가열됨에 따라 박 대통령의 지지율이 일주일 만에 다시 하락한 것으로 분석합니다.

지지율이 떨어지는 근본 원인은 무시한 채 또 어떤 꼼수로 지지율 회복을 시도할지 국민들은 걱정이 앞섭니다.

어떤 대선 불복

장하나 의원이 "총체적 부정선거이자 불공정 선거로 당선된 박근혜 대통령이 선택할 수 있는 것은 국민에게 사죄하고
즉각적인 사퇴를 하는 것뿐이다. 부정선거, 불공정 선거로 치러진 대선에 불복하는 것이 민주주의 실현이다." 하고
대선 불복 선언을 합니다. 이에 여당은 '국회의원이 국민의 결정을 뒤집는 망언을 하고 있다'며 격앙된 반응을 보입니다.
대통령 자리에 올라 모든 국민들을 섬겨야 한다는 대선 결과에 복종하지 않는 것이야말로 심각한 대선 불복 행위입니다.

창조통치

경찰이 철도노조 간부를 체포하기 위해 민주노총 사무실이 있는 경향신문 사옥에 난입한 사건으로 비난 여론이 쇄도합니다.
1995년 민주노총 설립 이래 최초로 공권력이 투입된 데 분노하고 있습니다.
그러나 여당은 '법과 원칙에 따른 정당한 공권력 행사'라는 말로 공권력 투입을 옹호하고,
대통령은 철도노조 파업에 대한 '타협 불가' 원칙을 확인합니다.

철의 여인들

정부가 민주노총 사무실에 사상 처음 공권력을 투입하는 초강수를 둔 데 이어
박근혜 대통령이 청와대 수석비서관 회의에서 '타협 불가' 원칙을 재확인하는 등 정부는 철도 파업에 대해
강경 대응으로 일관합니다. 박근혜 대통령이 1980년대 중반 영국의 탄광노조 파업에 맞서 비타협으로 일관했던
마거릿 대처 전 총리를 닮으려는 것이냐는 말도 나오고 있습니다.

삼삼한 해

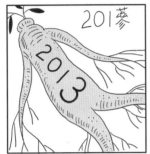

박 대통령이 수석비서관 회의에서 '요즘 정부가 추진하는 개혁 정책에 대해 여러 유언비어가 난무하고 있다.
SNS 등을 통해 퍼져 나가는 이런 유언비어를 바로잡지 않으면 개혁의 근본 취지는 어디로 가버리고
국민의 혼란만 가중될 것'이라고 말합니다. 공기업 민영화에 대한 국민들의 불안감을 덜어주는 구체적인 대책과 설명 없이
강압적인 태도로 정부 정책을 밀어붙이는 가운데 또 한 해가 저물고 있습니다.

유언비어

박근혜 대통령이 정부가 추진하는 개혁 정책에 대해 여러 유언비어가 난무하다며 대응을 요구한 것에 대해
네티즌들의 반발이 거셉니다. 국민들은 정작 유언비어 살포 전문 조직들이 누구인지 되묻고 싶은 심정입니다.

말의 해

2014년은 말의 해입니다. 새해를 맞아 말처럼 힘찬 도약을 하는 한 해가 되길 바란다는 덕담이 오고 갑니다.

국민들은 또한 국정원 선거 개입 등 국가기관의 잘못된 관행이 바로잡힐 수 있도록 대통령이

읍참마속(泣斬馬謖, 큰 목적을 위하여 자기가 아끼는 사람을 버림)의 심정으로 개혁을 추진하는 한 해가 되길 바라고 있습니다.

말 취급

〈변호인〉

지하경제 활성화

말 취급

살벌한 공안정국에서 장밋빛 통일 분위기까지, 도무지 정신을 차릴 수 없을 정도로 냉온탕이 반복되고 있습니다.
말의 해를 맞아 국민들은 공주님 마차를 끄는 말 취급만 당하지 않기를 바랄 뿐입니다.

〈변호인〉

영화 〈변호인〉을 찾은 관객 수가 1,000만을 돌파합니다. 인간의 오감을 자극하는 4D의 기술을 동원하지 않더라도
우리가 당면하고 있는 현실에 대한 솔직한 묘사에는 온몸이 사무치도록 공감하게 됩니다.

지하경제 활성화

현금 품귀 현상이 나타나고 있습니다. 40조에 달하는 5만 원권은 금고 속에서 나오지 않고,
신용카드 정보 유출 사태로 신용거래에 대한 불신도 높아가고 있습니다. 지하경제 양성화가 아닌 활성화 중입니다.

〈겨울왕국〉

흥행 돌풍을 일으키고 있는 디즈니 애니메이션 〈겨울왕국〉의 주인공이 특정인을 닮았다는 주장이 나오고 있습니다.
이전 정권에서는 디즈니의 미키마우스(쥐)가 정치적 논란이 된 바 있습니다.

코

싱가포르 선적 16만 톤 급 유조선이 여수시 낙포동 원유부두에서 송유관과 부딪히는 바람에
원유 10만 킬로리터가 바다로 흘러들어 어민들의 피해가 발생합니다. 현장을 찾아간 윤진숙 장관은
늑장 방문을 한 데다가 피해 주민들 앞에서 기름 냄새를 피하려 손으로 코를 막고
심각하지 않은 것으로 생각했다는 발언을 해 비난을 받고 있습니다.

진돗개 정신

박근혜 대통령이 내각에 비정상적 제도와 관행을 정상화하라고 주문하며 '진돗개 정신'으로 비정상의 뿌리가 뽑힐 때까지
추진해야 한다고 역설합니다. 정상적인 진돗개 정신으로 추진해야 할 것입니다.

대보름

소치 동계올림픽 스피드스케이팅에서 2연패를 거둔 이상화 선수의 금메달이 국민들의 얼굴을 정월 대보름달처럼 환하게 만들고 있습니다. 모든 선수들의 땀방울이 보름달 아래 빛을 발하고 있습니다.

비정상의 정상화

국정원 대선개입 수사축소압력 의혹으로 공격받던 나날들..

김용판

MBC 망친 주범이라고 비난받던 세월..

김재철사장 최측근

논문표절 사태로 탈당, 정치꿈을 접어야 했던 태권도 영웅..

걱정마세요. 비정상을 모두 정상화하겠습니다

수사축소 무죄

MBC사장 안광한

문대성 복당

표절 논란으로 새누리당을 탈당했던 문대성 의원이 복당됩니다.

MBC 신임 사장에는 김재철 전 사장의 최측근인 안광한 MBC플러스미디어 사장이 선임됩니다.

무엇이 정상이고 비정상인지 혼란스러운 나날입니다.

지지율의 여왕

취임 1주년을 맞는 박근혜 대통령이 콘크리트 지지율을 자랑하고 있습니다.
어떠한 악재도 무력화할 수 있는 필살기가 있기 때문일 것입니다.
종북몰이 필살기는 수십 년째 대한민국 기득권을 지켜주고 있습니다.

박 대통령이 경제 혁신 3개년 계획의 궁극적 목표로 '474 비전'을 내놓습니다. 잠재성장률을 4퍼센트대로 끌어올리고, 고용률 70퍼센트를 달성하며, 1인당 국민소득 3만 달러를 넘어 4만 달러 시대로 가는 기초를 닦겠다는 구상입니다. 대선 때 앞세웠던 경제민주화 공약이 집권 1년 만에 눈 녹듯 사라지며 경제정책 방향의 실체가 드러납니다.

미세먼지

미세먼지가 하늘을 누렇게 뒤덮는 나날이 계속되고 있습니다. 미세먼지의 기승으로 황사마스크의 판매량이 폭증합니다.
어떤 분은 국민들의 외침이 자신의 건강을 위협하는 미세먼지와도 같은 것이라 생각하는지 모르겠습니다.

약한 모습, 강한 모습

연약한 모습에도
(대선때)

얼마나 힘드셨을고…

강한 모습에도
불타는 애국심과 진돗개정신으로 암덩어리를 잘라내고 원수를 쳐부수자

얼마나 답답하셨으면 저리 강한 어조로…
기득권언론
오늘도 대통령께서는 말 안듣는 관료들에게 강한표현을 동원하여 절박한 개혁의지를 전달하시었다

다나까

암덩어리 규제철폐하시는 아우라가 형광등100개 만큼 빛나십니다

창조경제, 통일대박추진에 얼마나 노고가 많으십니까

국정원 선거개입 수사해야겠는데요

말은 '다' '나' '까'로 끝낸다
총무비서관실
교육문화수석실
:대
민정수석실
고용복지수석실

약속?

약한 모습, 강한 모습

국회의원 시절 으뜸언어상을 수상한 바 있는 박 대통령은 '진돗개는 한 번 물면 끝까지 놓지 않는다.' '암 덩어리', '우리가 쳐부술 원수' 등 격한 발언들을 쏟아내고, 언론은 이를 마사지하기 바쁩니다.

다나까

'다나까' 말투 사용, 전화 통화는 선배에게 문자로 먼저 허락을 받은 후에, 모자 및 트레이닝복 금지 등 일부 체대에서 군대식 악습이 행해지고 있는 것으로 드러나 충격을 주고 있습니다. 뭘 보고 배운 건지 궁금합니다.

약속?

대선 때 약속했던 경제민주화는 온데간데없고 삼성전자·현대차 등 소수 재벌 그룹의 독식 현상이 심화되고 있습니다. 기초선거 정당 공천제 폐지 공약도 모르쇠로 일관 중입니다. 이쯤 되면 막가자는 것입니다.

바쁜 벌꿀

박근혜 대통령은 대선 후보 시절 '바쁜 벌꿀은 슬퍼할 시간도 없다'고 말한 바 있습니다.

끊이지 않는 대형 사태에 대한 꿀 먹은 벙어리 작전을 위해 불경기 속에서도 벌꿀들은 매우 바쁜 나날을 보내고 있습니다.

죽은 척

새정치민주연합 안철수 대표가 기초선거 공천 문제를 논의하자며 박근혜 대통령에게 면담을 요청하지만 묵묵부답입니다.
계속된 면담 요구에 청와대는 지방선거 전 회동은 불가하다며 거절을 통보합니다.

2014년 4월 14일

과자를 산 건지 질소상자를 산 건지 모르겠다는 소비자들의 푸념이 이어집니다.
무에서 유를 창조하는 과자업체의 과대 포장 상술은 정부가 강조하고 있는 창조경제를 실현하고 있는 것인지 모르겠습니다.

4무 정권

세월호 참사에서 보여줬듯이 무능과 무책임으로 일관된 정부이지만 위기 상황을 돌파하는 재주는 탁월합니다.
종북 척결이라는 전가의 보도와 정치 공작 솜씨로 국민들을 지배합니다.

얼굴

2014년 4월 29일

얼굴

선거때 어머니의 얼굴
잘보살펴 드리겠습니다

집권후 아버지의 얼굴
종북 척결
나를 따르라

재난이 닥치면 공주님 얼굴
살려주세요
어머 어떡하지?

재난이 닥쳤을 때 국민들은 위로가 되는 어머니의 따뜻한 얼굴과 위기를 극복할 수 있는 아버지의 리더십을 필요로 합니다.
지금 대통령은 어떤 모습을 보여주고 있습니까?

공감능력

실종자 가족들을 대하는 태도, 국무회의에서의 형식적 사과가 민심을 악화시키고 있습니다.
국민들이 선출한 대통령이 백성에 군림하는 절대군주의 모습을 보이고 있기 때문입니다.

탈

박 대통령이 세월호 유족들과 면담하며 눈물을 흘린 장면이 언론에 대서특필된 가운데
박 대통령은 국정원 2차장에 공안 검사 출신을, 청와대 민정비서관에 노무현 전 대통령 수사 당시의 주임 검사를 임명하고,
방통위원장으로는 뉴라이트 대선캠프 인사를 내정합니다.

두통 시대

정부 조직 개편이 깜짝 발표되지만 해경과 소방방재청 해체 등 졸속 개편일 뿐이어서 국민들의 불안이 가중되고 있습니다. 총리로 지명된 안대희 후보가 전관예우 논란으로 사퇴함으로써 행정 공백의 우려가 커집니다. 가만있기에는 걱정스러운 한국호입니다.

사고 공화국

돌려차기

숨은 뜻

사고 공화국

장성군의 한 요양병원에서 불이 나 치매 노인 환자 등 21명이 숨지는 참사가 발생합니다.
줄을 잇는 대형 사고에 다음은 누가 당할지, 운에 맡겨야 하는 지경입니다. 국민행복이 아닌 국민복불복 시대입니다.

돌려차기

세월호 참사에 대한 쇄신책으로 김장수 국가안보실장을 경질한 후 그 자리에 김관진 국방 장관을 임명하고
국방 장관에는 한민구 합참의장을 내정합니다. 한편 춘천에서는 벽에 대통령 풍자 그림을 그리던 청년이
전격 체포됩니다.

숨은 뜻

안대희 전 대법관에 이어 문창극 전 중앙일보 주필이 총리 후보에 지명된 이후 그들의 정체가 드러나고 있습니다.
박 대통령이 한국 엘리트의 본모습을 까발려 적폐를 해소하려 한다는 음모론입니다.

미안하다고

눈물을 흘리며 도와달라던 집권 세력이 선거에서 참패를 모면하자 다시 본색을 드러냅니다.
경찰은 청와대 인근 세월호 추모 집회를 모두 금지시키고 대통령은 수구 인사를 총리로 지명하는 등
불통 행보를 지속합니다.

개조

이 땅에 더 이상 비극적인 참사가 일어나지 않도록 국가 개조를 하겠다는 박근혜 정권이
총리 후보로는 극우 언론인을, 국정원장 후보로는 불법 대선 자금 사건에 연루된 적 있는 친박 핵심을 지명합니다.
박근혜식 국가 개조입니다.

어떤 나라

박근혜 정부 시작부터 국민들을 괴롭힌 인사 난맥은 결국 대통령의 인사권을 박탈하라는 목소리가 나오는 지경에 이릅니다.
인재를 뽑지 않고 잡초를 뽑고 있으니 국민들은 분노할 수밖에 없습니다.

꿈꾸는 공주

박근혜 대통령이 총리로 지명한 김용준, 안대희에 이어 문창극 후보까지 낙마합니다.
단군 이래 최대의 인사 참극이 벌어지더라도 내 갈 길을 가겠다는 독선과 불통의 자세가 할 말을 잃게 만듭니다.

연이은 총리 후보 낙마 끝에 박 대통령은 결국 세월호 참사의 책임을 지고 사의를 표명한 정홍원 총리를 유임시킵니다.

총리 후보들의 거액 수임료, 역사 왜곡 망언으로 국민들을 고문한 끝에 세월호 책임으로부터 벗어납니다.

바꿔

박근혜 대통령이 청와대 수석비서관 회의에서 '신상털기식, 여론재판식 여론이 반복돼
높아진 검증 기준을 통과할 수 있는 분을 찾기가 현실적으로 매우 어려웠다'고 밝히며
'국회에서도 여야가 머리를 맞대고 인사 청문회 제도 개선 방안을 모색해달라'고 주문합니다.
인사 참극의 원인을 청문회 제도 탓으로 돌리며 친일, 전관예우 등 기득권 세력의 영속을 도모합니다.

확대와 학대

국회 세월호 침몰 사고 국정조사 특별위원회의에서 새누리당 간사인 조원진 의원이
"AI나 산불이 발생하면 대통령이 컨트롤타워인가." 하고 세월호 참사를 조류독감에 비유하는 막말을 해 물의를 일으킵니다.
정치를 한다는 사람들이 유가족들의 눈물을 닦아주기는커녕 그들을 조롱하고 비하하는 발언을 일삼고 있습니다.

데스노트

박근혜 정부 2기 내각이 출범합니다. 박근혜 대통령은 세월호 참사에 대한 정부의 책임을 통감하며
국가 개조를 추진할 인재들을 모셔 새로운 내각을 꾸리겠다고 했으나 총리와 장관 후보로 지명된 인물들의 면면은
국민들의 분통을 터뜨릴 뿐이고, 결국 총리 후보 두 명과 장관 후보 두 명이 연이어 낙마하는 초유의 사태가 벌어집니다.
국민의 눈과 귀를 막고 무소불위의 권력을 휘두르며 통치자의 뜻만을 관철시키는 아버지의 시대는
이미 오래전에 지났다는 것을 알아야 합니다.

공주님

이순신의 정신으로

무능은 대박

공주님

박근혜 대통령이 세월호 참사 당시 일곱 시간 가량 소재 파악이 되지 않은 것과 관련해 의혹을 보도한
일본 〈산케이신문〉 기자에 대해 검찰이 수사에 나섭니다. 박 대통령의 불통 행보가 국제적으로 조롱당하고
외교 문제로까지 비화될 지경이지만 매번 헛발질을 일삼는 야당 덕분에 집권 세력은 단잠을 이룹니다.

이순신의 정신으로

28사단 집단 폭행 사망 사건을 비롯하여 끊임없는 군대 사고로 군에 대한 국민들의 분노가 커지는 가운데
박근혜 대통령이 긴급 전군 지휘관 회의를 열고 군 기강 확립과 병영 문화 개선을 주문합니다. '이순신 장군이
적과의 전투에서 맨 앞 선두에 서 부하들에게 용기와 희망을 주었듯 여러분들도 그런 지휘관이 돼달라'고 말합니다.

무능은 대박

영화 〈명량〉이 개봉 18일 만에 누적 관객 수 1,400만 명을 돌파하여
5년간 역대 흥행 1위를 지킨 〈아바타〉의 1,362만 관객 기록을 깨고 신기록을 세웁니다.

가만히 있으라니까

문화체육관광부 장관 후보로 내정됐던 정성근 씨가 자진 사퇴하여 장관 후임자가 결정되지도 않은 상태에서
청와대가 유진룡 문체부 장관에게 면직을 통보합니다. 청와대가 국정 공백을 무릅쓰고 면직 처리를 강행한 것에 대해
유진룡 전 장관이 국무회의에서 소신 발언을 했기 때문이라는 이야기가 나오고 있습니다. 유진룡 전 장관은 세월호 참사
이후 대통령에게 내각 총사퇴를 제안했다가 질책을 받은 것으로 알려집니다. 가만히 있지 않으면 찍히는 세상입니다.

세월호 참사 진상 규명을 위해 수사권과 기소권이 포함된 특별법 제정을 촉구하며 장기간 단식 중인
'유민아빠' 김영오 씨의 건강이 극도로 악화되고 있습니다. 유가족의 마음을 잘 반영해서 철저한 진상 규명이 가능한
특별법 제정을 위해 힘쓰겠다던 대통령은 계속 침묵을 지키고 있습니다.

멸치가 중요해

세월호 참사 유가족들이 특별법 제정을 촉구하며 대통령 면담을 요구하고, 김영오 씨는 40일이 넘는 단식 끝에
결국 병원에 입원하는 사태에 이르지만 박 대통령은 추석 물가 점검차 부산 자갈치시장을 방문해 멸치 등을 구입합니다.
비정한 한가위를 예고하고 있습니다.

그래서요?

박 대통령이 세월호 유가족들의 거듭되는 면담 요청을 거부한 채 연일 경제 살리기를 강조합니다.
청와대에서 주재한 제5차 국민경제 자문 회의에서 '늑장 부리고 서로 갈등 속에서 발전을 못 시키는 사이,
세계는 엄청난 기술을 활용해 규제를 혁파해나가고 투자를 끌어들이면서 발전한다'고 말해 마치 개발독재 시대에 앞세우던
국민 총화 단결을 통한 경제 발전 같은 구호를 떠올립니다. 민주주의 사회에서 당연히 제기될 수 있는 시민들의 기본적인 요구를
사회적 갈등으로 몰아붙이고 억압하는 전체주의적 가치관을 드러내 보이고 있습니다.

묵묵부답

유민아빠 김영오 씨가 46일간의 단식을 마칩니다.

수사권과 기소권이 보장된 세월호 특별법 제정을 촉구하며 이어온 단식투쟁은 자신의 목숨을 건 싸움이었을 뿐 아니라

일부 정치권과 언론, 특정 단체 회원들의 비아냥거림과 음해 공작과의 싸움이기도 했습니다.

힘겨워하는 유가족들의 손을 잡아줘야 할 이 나라의 대통령은 여전히 묵묵부답입니다.

셀카봉

광화문 시복식 미사 때 프란치스코 교황이 차에서 내려 세월호 참사 피해자 가족인 김영오 씨를 위로했던 모습을
중계하지 않아 논란을 일으켰던 KBS가 또 구설수에 오릅니다. 이진원 녹양동성당 신부는 페이스북을 통해 프란치스코 교황의
명동성당 미사 집전 당시 상황을 전합니다. "미사가 시작되기 직전 (KBS)팀장님이라는 분이 들어오셨다. 방송이 시작되자
뒤에 서 계시던 그분은 매우 열심히 그분(박근혜 대통령)을 잡기 위해 노력하셨다. … (박 대통령이) 화면에 나가기 어려웠다.
그래서인지 팀장님께 전화가 오더라. 다행히 전화 받기 바로 직전에 화면에 잡히기 시작했다. 퇴장하시기 직전에
몇 번 나갔는지 확인 전화를 하셨는데, '다행히 여섯 번 나갔다'고 대답하실 수 있었다."

풀고 묶고

박근혜 대통령이 연이어 규제 개혁 장관 회의를 열고 규제 완화를 강조합니다.
박 대통령은 '쓸모없는 규제를 없애고 새로운 경제성장 동력을 창출하자'며 신속한 규제 철폐를 주문하지만
충분한 의견 수렴과 토의는 거치지 않고 있습니다. 기업의 이익만을 추구하며 무분별하게 규제를 완화한 끝에
세월호 참사가 일어났음에도 불구하고 정부는 같은 실수를 반복하려 하고 있습니다.

본색

박근혜 대통령이 세월호 진상조사위원회에 수사권과 기소권을 주는 것은 법치를 무너뜨리는 일이고
여야가 마련한 2차 합의안이 여당의 마지막 결단이니 더 이상 야당과 유가족들의 뜻을 수용하지 않겠다는 입장을 분명히 합니다.
대통령의 행적과 관련한 소문에 대해서도 대통령에 대한 모독이 도를 넘었다며 이는 국민에 대한 모독이라고 분노합니다.
지방선거 전 눈물을 흘리며 세월호 유가족들의 요구 사항을 들어주겠다던 박근혜 대통령이 이제 본색을 드러내 보입니다.

삼풍백화점 붕괴 사고

1995년 6월 29일 오후 5시 57분경, 서울특별시 서초구 서초동에 있던 삼풍백화점이 붕괴된 사고.
이로 인해 502명이 사망, 937명은 부상, 6명은 실종되었다. 피해액은 약 2,700여 억 원으로 추정된다.
사고 후 범국민적인 구호 및 사후 처리가 이어졌고, 피해자 중 최명석은 11일, 유지환은 13일, 박승현은 17일 동안 갇혀 있다가
극적으로 구조되었다. 현재 삼풍백화점 자리에는 2004년 완공된 주상복합 아파트가 들어서 있다.(출처 : 위키백과)

1995년 7월 7일

1995년 7월 12일

3장

독재의 추억
– 대한민국의 시간은 거꾸로 간다

'조센징'들

박근혜 정부의 기초연금 공약 불이행으로 기초연금이 축소되고 노후에 대한 불안감이 가중되는 가운데
김용하 국민연금재정추계위원장이 '나이가 들어서 65세가 돼 기초연금을 받게 된다면 인생을 잘못 사신 것'이라고 말합니다.
하루하루 열심히 노동을 해도 노후 빈곤을 걱정할 수밖에 없는 사회구조에 대한 이해 없이 빈곤을 개인의 잘못으로
돌리는 태도는 일제강점기에 조선인이 게으르기 때문에 빈곤하다고 한 일본 권력자들의 인식과 다르지 않습니다.

교학사 교과서에 실린 위안부 사진에 '현지 위안부와 달리 조선인 위안부는 전선의 변경으로 일본군 부대가 이동할 때마다
따라다니는 경우가 많았다'는 설명이 덧붙은 사실이 드러나 물의를 빚고 있습니다.
한글날이나 특정 기념일에 나라 사랑을 외치는 것만으로는 역사왜곡을 바로잡기 힘들 것입니다.

신 386

'신 386'이라는 신조어가 유행하고 있습니다. '30년대에 태어나 이제 80대를 바라보며 60년대에 사회 진출한 사람'을 말합니다. 김기춘 씨가 청와대 비서실장에, 홍사덕 씨가 민화협 의장에 임명되고 서청원 전 한나라당 대표가 경기 화성갑 보궐선거 후보로 공천되는 등 공작 정치와 부패 정치로 이름을 날린 구시대 인사들의 맹활약에 국민들의 우려가 커지고 있습니다.

거짓의 깃발 아래

정부가 전교조에 해직자를 조합원으로 들이는 규약을 시정하지 않을 경우 법외노조 처리하겠다는 최후통첩을 보냅니다.

국회의원이 내란 음모 혐의로 국정원 수사를 받고, 현직 검찰총장이 '찍어내기'로 퇴출되고,

국정원장은 불법적으로 NLL 대화록을 공개하며 전 정권을 부관참시합니다.

구시대적 공안 통치와 공작 정치가 자행되고 있는 현실을 미래·창조 등의 구호로 포장하고 있습니다.

퇴보력

박근혜 정권이 들어선 이후 관권 선거 논란, 언론 장악, 역사 왜곡, 종북 공세 등 사회 전반에 걸쳐
퇴행적 현상이 나타나고 있습니다. 경제정책 또한 경제민주화에 대한 국민들의 요구는 묵살되고
소수 기득권층의 이익을 위한 부동산 부양과 70년대식 토건 개발을 위주로 펼쳐지고 있습니다.
수많은 민중들이 21세기로 이끌어온 역사의 수레바퀴를 거꾸로 돌리기 위해 온 힘을 다하고 있습니다.

5공에서 3공으로?

검찰이 전두환 전 대통령의 미납 추징금 환수를 위해 압류 재산 환수 TF를 구성하고 압류 재산에 대한 공매에 나서는 등
단계적으로 징수 작업을 진행하고 있습니다. 역대 정권에서 보여주지 못했던 강력한 환수 조치에 국민들은 박수를 보내지만
이것이 한차례 쇼로 끝날지 역사적 청산의 과정이 될지는 두고 봐야 알 일입니다.

과거로의 삽질

국방부가 사이버사령부 불법 대선 개입 사건 합동조사 중간발표에서 언론에 보도된 네 건의 SNS 계정이
사이버사령부 소속 군무원 세 명, 현역 부사관 한 명의 것으로 확인했다고 전합니다.
그러나 민주당은 사이버사령부가 대선을 앞두고 20명 규모로 대폭 충원하여 총 네 팀이 댓글 활동을 하는 등
대규모 선거 개입이 이루어졌는데도 국방부가 부실 수사를 했다고 주장하고 있습니다.

공든 탑

박 대통령이 전남 순천에서 열린 '2013 전국새마을지도자대회'에서 아버지 박정희 전 대통령이 추진했던 새마을운동을
'우리 현대사를 바꿔놓은 정신 혁명'이라고 말하며 '그 국민운동은 우리 국민 의식을 변화시키며
나라를 새롭게 일으키는 데 중요한 역할을 해왔다. 앞으로 제2 한강의 기적을 일으키기 위해 새마을운동 정신을 살려
국민들의 힘을 하나로 모으는 계기를 또다시 마련해야 할 때라 생각한다'고 말합니다.

제2의…

과업을 성취한 후 민정이양하고 군으로 돌아가겠습니다

이후 대통령 출마

장기집권 생각없고 개헌 안한다

이후 3선개헌

이번이 마지막입니다 한번만 더 기회를‥

이후 유신

제2 한강의 기적

제2 새마을운동

제2 거짓말행진

장애인 연금
기초 노령연금
약속 지킨다

쓰레기통

한국 엘리트

전시작전통제 우리 스스로 못한다

전작권

한국인은 독재해야 발전해

역시 우수한 한국엘리트들이다

과거에 교육받은 내용들을 아직까지 잊지않고 실천해

장하다

한국은 스스로를 지킬수 없으니 일본이 보호해야한다
조선징용 맞아야
정신차리고 인간돼

140 ◉세월의 기억

제2의…

박근혜 대통령이 대선 당시 모든 중증장애인에게 현재의 두 배를 지급하겠다고 약속한 장애인연금 공약이 폐기됩니다.
65세 이상 노인 모두에게 지급하겠다고 했다가 대상자를 소득 하위 70퍼센트로 축소한 기초연금 공약 뒤집기에 이어
장애인연금 공약마저 손바닥 뒤집듯 합니다.

한국 엘리트

나들목교회에서 '제1회 박정희 전 대통령 추모 예배'가 열렸습니다. 김영진 원미동교회 원로목사는 "독재니 어쩌니 그런
얘기를 많이 하는데, 한국은 독재를 해야 돼. 정말이야, 독재해야 돼. 하나님이 독재하셨어, 하나님이. 무조건 하나님께
순종하라고 하셨어." 하는 유신 독재 미화 발언을 합니다. 아직도 이 땅 곳곳에는 파시즘의 악령이 서려 있습니다.

그들이 있어야 우리가 산다

이준석 전 새누리당 비상대책위원이 통합진보당 위헌 정당 해산 심판 청구에 대해 "통진당이 '시장경제에 반하는' 것도
해산 사유라고 했는데 통진당을 좋아할 리 없는 나이지만 정부의 입장에서도 안 팔리는 물건은 안 팔리게
내버려두는 것이 정말 시장에 부합하는 행동이 아닐까 싶다. 어차피 소비자에 의해 도태될 물건을
'정부의 개입 때문에 우리가 장사 접었다'고 나오게 만들 수도 있지 않으려나." 하며 비판합니다.

신 공안정국

노무현 전 대통령 NLL 포기 발언 논란과 이석기 통합진보당 의원 내란 음모 혐의 수사 등 박근혜 정권이 들어선 이후
반대 세력에 대한 종북몰이가 이어지고 있습니다. 게다가 정부는 통합진보당 해산 심판안을 청구하며 정당 활동의 자유를
제한하는 반민주적인 행위를 서슴지 않고 있습니다. 종북 척결의 칼바람이 매서운 공안정국에서
누가 희생양이 될지 예측할 수 없는 시절입니다.

독재의 추억

박근혜 대통령 유럽 순방을 수행 중인 김진태 새누리당 의원이 프랑스 파리에서 현지 거주 한인과 유학생 수십여 명이
박근혜 대통령의 부정선거를 규탄하는 시위를 벌인 것을 두고 그 대가를 톡톡히 치르게 하겠다며
채증 사진 등의 증거자료를 사법기관에 제출하겠다는 글을 SNS에 올려 파문이 일고 있습니다.
각하에 대한 심기 경호가 독재 정권 시대를 방불케 합니다.

위대하신 지도자시여

경북 구미의 박정희 전 대통령 생가에서 박정희 전 대통령의 탄생 96주년을 기념하는
'박정희 전 대통령 96회 탄신제'가 열렸습니다. 국회의원, 지역단체장 및 주요 기관장 등 1,500여 명이 참석한 이날 행사에서는
박 전 대통령의 업적을 찬양하는 말들이 쏟아졌는데, 특히 남유진 구미시장은 박 전 대통령을 '반신반인'으로까지 표현합니다.

하면 된다

서울 삼성동 아이파크 아파트 38층에 민간 헬리콥터가 충돌, 추락하여 조종사 두 명이 사망하는 사고가 일어납니다.
안개 때문에 시야가 확보되지 않은 상황에서 무리하게 운항하다 참변을 빚은 것으로 알려집니다.
한국 사회에서 빈번하게 일어나는 안전 불감증 사고입니다.

중독

게임을 마약, 도박, 알코올과 함께 4대 중독 물질로 규정하고 이를 관리하는 국가중독관리위원회를 신설하겠다는 법안이
추진되면서 게임 업계와 게이머들이 거세게 반발하고 있습니다.
정부는 사회에 해악을 끼치는 진짜 중독 물질이 무엇인지 살펴봐야 합니다.

알아서 잘…

박근혜 대통령이 취임 후 첫 국회 시정연설에서 국가기관 대선 개입 의혹과 관련한 민주당의 특검 수용 요구에 대해
여야 합의를 통한 해결을 주문합니다. 대선 개입 의혹을 둘러싼 논란과 특검 도입 문제가 정치권의 몫임을 밝힘으로써
국회에 공을 넘긴 것입니다. 국가정보원 개혁특위 신설 요구에 대해서도 국정원이 자체 개혁안을 제출하면
국회가 심의해달라는 기존 입장을 되풀이합니다.

부어

천주교 정의구현사제단의 '박근혜 대통령 사퇴 촉구 시국 미사'에서 박창신 원로신부가 "NLL에서 한미 군사훈련을
계속하면 어떻게 해야 하겠어요? 북한에서 쏴야죠. 그것이 연평도 포격이에요." 하고 발언한 것이 논란을 일으킵니다.
이를 놓치지 않고 박 대통령은 수석비서관 회의에서 '지금 국내외의 혼란과 분열을 야기하는 행동들이 많다'며
"저와 정부는 국민의 신뢰를 저하시키고 분열을 야기하는 이런 일들은 용납하거나 묵과하지 않을 것입니다." 하고
으름장을 놓습니다.

어려운 문제

정홍원 국무총리가 국회 대정부질문에서 즉답을 피해 비난을 받고 있습니다.
"1980년대 일본의 역사교과서 왜곡 사건 때 조선 침략이 '조선 진출'이라고 기술되었습니다.
그런데 교학사 교과서에 다시 '진출'이라는 용어가 등장했습니다. '진출'과 '침략' 중 뭐가 적합합니까?" 하는 질문에
"용어에 문제가 있다면 그런 부분은 검증위원회와 심사단에 맡겨주십시오." 이렇게 대답한 것입니다.
그들에겐 어려운 문제인 모양입니다.

종교와 정치

누나

종북

종교와 정치

종교계의 시국 선언이 이어지고 있습니다. 천주교 정의구현사제단이 국가기관 대선 개입 의혹과 관련 시국 미사를 열고 박근혜 대통령의 퇴진을 요구합니다. 조계종 실천불교전국승가회도 시국 선언에 나섭니다.
불통과 무능의 정치가 종교인들을 거리로 내몰고 있습니다.

누나

윤상현 새누리당 원내수석부대표가 평소 박근혜 대통령을 '누나'라고 부를 정도의 실세라는 소문에 대해
직접 해명합니다. 윤 의원은 그것이 잘못 알려진 사실이고 '누나'라고 부르는 사람은 한선교 새누리당 의원이며,
한 의원이 '큰누나'라고 자연스럽게 부를 때도 자신은 '누나'라고 부르지 않는다고 주장합니다.

종북

이석기 통합진보당 의원의 내란 음모 사건에 이어 박창신 천주교 정의구현사제단 원로신부의 NLL 발언 이후
대한민국 사회에 종북 공세의 광풍이 휘몰아치고 있습니다. 육군 신병 교육대에서 훈련병들에게 '종북 쓰레기 몰아내자'는
구호를 외치게 하는 등 구시대적 매카시즘이 득세하면서 공포 분위기가 조성되고 민주주의는 후퇴하고 있습니다.

대대로

황우여 새누리당 대표가 일본 도쿄에서 열린 한일의원연맹 합동 총회의 개회식 축사에서 '아베 신조 총리 각하',
'오늘 총리 각하께서 말씀하셨듯이'라고 발언한 것이 논란이 되고 있습니다. 한국을 '어리석은 나라'라 폄하하고
'군이 직접 나서서 위안부를 모집했다는 증거는 없다'며 역사를 왜곡하고 망언을 일삼는 극우 정치인 아베 총리에게
각하라는 극존칭을 사용한 것이 여론의 큰 반발을 불러일으킵니다.

일탈행위

청와대가 국정원 직원의 댓글 공작과 사이버사령부 소속 군인의 정치 개입을 개인적 일탈로 규정하더니
채동욱 전 검찰청장의 혼외 자식 논란과 관련해 개인 정보를 불법 유출한 청와대 행정관의 지시 역시 개인적인 일탈행위로
치부해버립니다. 내란 음모 혐의로 구속된 이석기 의원과 관련된 RO 조직원 20여 명이 등산한 것을 두고
'이석기 경호팀이 전쟁 상황을 가정한 혹한기 산악 훈련을 한 것'이라고 발표한 검찰의 태도와 상반되는 모습입니다.

도루묵

곳곳에 종북 타도의 광풍이 불고 개발독재 시절의 구호 '잘 살아보세'가 흘러넘칩니다.
그때 그 시절의 향수를 되살리려는 소수 권력층으로 인해 오랫동안 쌓아올린 민주적 가치가 희생되고 있습니다.

노무현 때문

참여정부 시절에 유행했던 '이게 다 노무현 때문'이라는 말이 노무현 정권이 끝나고 수년이 지난 지금도 사라지지 않고 있습니다.
국정원을 비롯한 집권 세력은 선거 때 온라인 커뮤니티에서 야당 후보를 '친노 종북'으로 몰며 비방하는 댓글을 다는
공작을 벌인 데 이어 노무현 NLL 포기 발언과 사초 실종 공세 등으로 노무현 정권에 대한 공격을 멈추지 않고 있습니다.

북이나 남이나

북한이 국가안전보위부 특별 군사재판을 열어 장성택에게 '국가 전복 음모의 극악한 범죄'로 사형을 선고하고
이를 바로 집행했다는 소식입니다. 북한은 양손이 포승줄에 묶여 국가안전보위부원들에게 잡힌 채 법정에 서 있는
장성택의 모습을 공개하며 반역 행위에 대해 경고하고 절대 권력에 대해 충성을 요구합니다.

아리랑

국방부가 〈아리랑〉 등의 민요와 통일 가요 50곡을 불온곡으로 지정하고 이를 노래방 기기에서 삭제한 일이
충격을 주고 있습니다. 국방부 대변인은 '처진다', '비관적이다'와 같은 이유로 일선 부대가 이러한 곡들을
장병 복지용 노래방 기기에서 삭제한 사실이 있다고 밝히며 〈아리랑〉과 관련해서는 가사가 비슷하지만 방식이 조금 다른,
북한에서 부르는 〈아리랑〉이었다고 주장합니다.

한복과 전투복

철도 민영화 반대 파업 14일째를 맞은 22일, 경찰은 경향신문 사옥에 입주해 있는 민주노총 사무실에 강제 진입하여 138명의 노조원들을 공무집행방해 혐의로 연행합니다. 기자들이 신문을 만드는 시간임에도 경향신문의 동의 없이 현관 유리문을 깨고 잠금장치를 부수고 최루액을 뿌리며 열두 시간 동안 건물 내부를 쑥대밭으로 만들어놓습니다.

잘되면 조상 탓

철도 민영화를 반대하는 철도노조 파업과 시민들의 대규모 집회가 이어지는 가운데 새누리당 최경환 원내대표는
'철도 민영화를 가장 먼저 시도한 정부가 김대중 정부였고 노무현 정부는 철도청을 철도공사로 전환했다'며
'당시 노무현 대통령은 파업 돌입 초기부터 공권력을 투입해 나흘 만에 파업을 해산시키고
노조원 1,500여 명을 연행했다'고 설명합니다.

통일은 대박

세월이 흐른 후

박근혜 시계

통일은 대박

박근혜 대통령이 신년 기자회견에서 평화통일 구축 방안을 묻는 질문에 '통일은 대박이라고 생각한다'고 답해
그 구체적 내용에 대한 관심이 증폭되고 있습니다. 대통령의 발언을 들으면서 오랜 세월 동안
남북분단의 현실 속에서 대박을 누려온 세력이 누구였는지 생각해보게 됩니다.

세월이 흐른 후

김현철 전 여의도연구소 부소장이 박근혜 대통령의 신년 기자회견에 대해 '집권 10개월 만에 한다는 소리가
실현 가능성 없는 아버지 흉내나 내고 불통은 끝까지 짊어지고 가겠다 하니 쪽박은 시간문제'라고 일갈합니다.
국민들은 40년 전 김영삼 의원이 유신 체제를 비판하고 박정희 대통령과 대립하던 시절을 떠올리며 쓴 입맛을 다십니다.

박근혜 시계

지방선거를 앞두고 '박근혜 시계'가 여당 의원 등에게 선물로 뿌려집니다.
대통령께서 하사하신 시계를 차고 더욱 높아진 충성심으로 선거에 임해야 하겠습니다.

영도자

이준석 새누리당 전 비상대책위원이 페이스북에 "다른 논의는 항상 자기들 마음대로 파기하고 일정 지연시키고,
알맹이 빼놓고, 자신들의 지도자를 모욕하는 행동에 대해서는 매우 빠르고 강력하게 대응한다는 것.
그래서 국제사회는 북한을 비웃는다. 인민은 힘들어하는데, 지도자란 자들은 최고영도자의 심기만 생각하니…" 하고
북한에 빗대 새누리당의 조직 문화를 비판하는 글을 올려 관심을 불러일으키고 있습니다.

조국의 현실

안중근 의사가 이토 히로부미의 심장에 총탄을 쏘았던 역사적 현장 하얼빈 역에 안중근 기념관이 세워집니다.
독립운동가들을 모신 효창공원의 국립묘지 추진은 집값 폭락을 우려하는 주민들의 반대로 난항을 겪고 있습니다.
조국의 독립을 꿈꾸며 목숨을 바친 순국선열들이 잠들어 있는 곳은 지금 천박한 황금의 지배를 받고 있습니다.

거물

이석기 의원이 내란 음모 혐의로 20년 형을 구형받습니다.
사법적 잣대인지 정치적 잣대인지 검찰은 잘 알고 있을 것입니다.

맹세

분단된 두 나라는 서로에게 총부리를 겨눈 채 다른 목소리를 용인하지 않는 사회가 됐습니다.
총부리는 오로지 적을 향해 놓여 있어야 하며 사람들의 사상도 하나의 방향으로 줄 서 있어야 합니다.

서울시 공무원 간첩 사건에 대한 증거 위조 의혹 수사 중 자살을 기도한 국정원 협력자의 유서 공개로
이 사건의 문건은 위조된 것이며 국정원이 위조를 지시했다는 사실이 드러납니다.
국정원의 간첩 조작 사건은 그 뿌리가 깊습니다. 뿌리 깊은 나무 위에 형성된 대한민국의 기득권은 흔들리지 않습니다.

불만

박근혜 대통령이 기업 활동의 발목을 잡는 규제를 '암 덩어리'라 표현하며 규제 철폐를 연일 강조합니다.
국민들의 자유로운 사고와 활동을 억압하는 종북 매카시즘은 '복덩어리' 대우를 받습니다.

통합신당이 공식 출범하면서 산업화 시대의 압축 성장을 인정하고 성장 경제 추구를 강조하는 등 우클릭 행보를 다짐합니다.
김부겸 대구시장 예비후보는 박정희 컨벤션센터 설립을 공약으로 내세웁니다.

위기탈출 넘버원

국정원 간첩 조작 사건의 전말이 드러나고 있습니다. 국정원 간부가 자살을 기도하는 등 조직적 저항을 하지만 선거를 앞둔 집권 여당에는 먹구름이 낍니다. 그러나 국면 전환의 단골손님은 죽지 않았습니다.

종북의 수혜자들

영화 같은 세상

배운 대로

종북의 수혜자들

김성호 전 국정원장이 북한 추종 세력이 우리 법원이나 검찰, 언론기관에 침투해 있을 가능성이 있다고 주장해 논란이 일고 있습니다. 종북이 누구를 위해 일하는지, 지금 가장 이익을 얻는 집단을 찾아 조사해봐야 합니다.

영화 같은 세상

서울시 공무원 간첩 조작 사건과 관련한 검찰 수사 중 자살을 기도한 국정원 과장이 기억상실 증세를 보이는 것으로 알려집니다. 영화 같은 일이 벌어지고 있는 대한민국에서 오늘도 〈어벤져스2〉 촬영은 계속됩니다.

배운 대로

인간의 생명과 자유보다 소중한 것은 없습니다. 조국 근대화니 세계 일류니 경제성장이니 하며 내세우는 대의명분은 소수 기득권의 이익을 위해 자행되는 부정행위를 감추는 포장일 뿐입니다.

선조의 지혜

전 국민적 지탄을 받고 있는 해경이 해체되고 국가안전처가 신설된다고 합니다.
간판을 바꿔 수명을 지속시키는 것은 대한민국 기득권층이 오랜 세월 써먹어 온 처세술입니다.

박근혜 대통령이 세월호 참사에 대해 사과하고 눈물을 흘린 후 단원경찰서 형사 두 명이 유가족들을 미행하다 발각돼
파문이 일고 있습니다. 대선 당시 인혁당 관련 사과 직후 말춤을 출 때 예견된 일입니다.

6·10 민주항쟁이 27주년을 맞이합니다. 우리의 선배들, 부모님들이 온몸을 던져 민주주의를 쟁취한 날입니다.

그러나 지금 일각에서 민주화라는 단어는 비아냥거림의 대상이 됩니다. 이대로 가면 장래에 회피 언어가 될지 모르는 일입니다.

유신의 추억

박근혜 정권 출범 때부터 배후 실세 조직으로 의심됐던 '7인회'에 이어
문창극 인사 참극을 계기로 '만만회'라는 비선 조직이 언급되고 있습니다.
공작, 밀실, 비선 등 유신 정권 시대의 음산함이 나라를 뒤덮습니다.

그대로

세월호 참사 이후 두 달여가 지났지만 책임지고 물러나겠다던 총리는 유임되어 자리를 지키고,

참사를 둘러싸고 제기되는 여러 의혹들은 밝혀지지 않고 있습니다.

오로지 국가 개조라는 70년대식 구호만 공허하게 울려 퍼지는 중입니다.

너의 통일 나의 통일

2014년 7월 10일

민주노총이 국가보안법상 이적표현물 제작 배포 혐의로 경찰의 수사를 받고 전 현직 간부의 자택이 압수 수색을 당합니다.
민주노총은 2012년 노동자 통일 교과서인 《노동자, 통일을 부탁해》라는 책자를 발간 후 보수 단체로부터
국가보안법을 위반했다며 고발을 당한 바 있습니다. 다양한 통일 논의를 가로막은 채 소수 특권층과 정치 세력에 의한
통일 구상만으로는 박근혜 대통령이 좋아하는 창조적 아이디어를 결코 얻을 수 없을 것입니다.

유령

70대 노인 한 명을 검거하기 위해 전국적으로 반상회까지 열고 145만 명의 수색 인원을 투입하는 등
사상 최대의 검거 작전을 펼치더니 검거 대상인 유병언 전 세모그룹 회장은 이미 오래전에 숨져 백골이 되어 있었습니다.
세월호 참사 이후 100일이 지났지만 진상 규명과 문제 해결에 대한 진척은 없고
무능한 정부는 의혹만 만들어내고 있을 뿐입니다.

조국 군대화

내란 음모 혐의로 20년을 구형받았던 이석기 통합진보당 의원에게 항소심 재판부가 무죄판결을 내리며 내란 선동 혐의로
징역 9년을 선고합니다. 기소 당시 많은 언론에서 지하 혁명 조직 RO와 내란 음모에 대한 추측성 보도를 내보냈으나
대부분 실체가 없는 것으로 드러났습니다. 걸핏하면 빨갱이 또는 종북으로 몰아 집단으로 마녀사냥을 하면서
정작 국민들에게 막대한 피해를 입히는 대형 비리에 대해서는 침묵하는 행태를 군대에서만 볼 수 있는 것은 아닙니다.

슬픔의 세월

짧은 행복 긴 행복

애국 보수

슬픔의 세월

새누리당 주호영 정책위 의장은 세월호 참사를 교통사고에 비유하고, 소위 애국 단체라는 집단들은 몰려다니며
슬픔에 잠겨 있는 유가족들에게 막말을 쏟아붓습니다. '유가족이 선동꾼들에게 이용당했다'는
신문광고까지 나오고 있습니다. 약자에게 냉혹하고 강자에 굴종하는 행동이
대한민국 사회에서 성공하는 처세 방식이라는 것을 보고 배운 딱한 사람들입니다.

짧은 행복 긴 행복

프란치스코 교황이 4박 5일간의 방한 일정을 마치고 출국합니다.
짧은 기간이었지만 교황이 한국 사회에 던진 메시지들은 가뭄 속 단비와 같은 치유의 울림이었습니다.

애국 보수

민주화운동 과정에서 억울하게 희생된 사람들을 향해 비윤리적 혐오 발언을 내뱉고, 세월호 참사 유가족들의
피눈물 맺힌 단식 농성 현장에서 피자와 치킨을 먹으며 유가족들을 조롱하는 행동은 기본적 소양을 갖추지 못한
망동일 뿐입니다. 일부 권력층은 이들에게 보수라는 포장을 씌워 정치적 이익을 얻으려 하고 있습니다.

근본주의

이슬람 수니파 근본주의 반군 '이슬람국가(IS)'가 미국인 기자 제임스 라이트를 참수하는 4분짜리 영상을 SNS에 공개합니다.

IS는 미국의 이라크 공습에 대한 보복으로 민간인을 참수하는 야만적 방식을 통해 서방에 경고 메시지를 전달합니다.

한국의 대법원은 국가보안법 위반 혐의로 기소된 사회주의노동자연합 오세철 교수 등 여덟 명의 유죄를 확정합니다.

제한된 테두리 안에서의 생각만을 허용하고 이를 벗어날 경우 단죄하는 야만적인 충격요법을 통해

새로운 변혁의 시도를 위축시키고 기득권 세력이 만들어놓은 현실에 안주하도록 유도합니다.

행군

세월호 참사는 야수의 얼굴을 한 천민자본주의가 무자비하게 질주한 결과입니다.
무엇보다 소중히 여겨야 할 인간의 생명까지 짓밟아 이익을 추구하는 세력들은 민족중흥과 국가 경제성장이라는 포장으로
자신들의 범죄 행각을 은폐해왔습니다. 경제성장이라는 구호 아래 국민 총동원 체제를 수립하고
국민들의 일방적 희생을 요구하는 개발독재의 가치관은 아직까지도 그 위력을 발휘하고 있습니다.

그때 그 시절

사법부는 원세훈 전 국가정보원장에 대해 대선 개입은 무죄이고 국정원법 위반은 유죄라는 판결로
국정원의 불법 선거 개입에 면죄부를 줍니다. 공영방송을 비롯한 종편과 기득권 언론은 권력에 대한 비판이라는
본연의 임무를 버린 채 낯 뜨거운 찬양 보도를 이어갑니다. 제1야당은 지리멸렬한 모습을 보이며
정부 여당에 대한 견제 기능을 상실한 지 오래입니다. 그때 그 시절을 생각나게 하는 요즘입니다.

역주행

서북청년단 재건 준비위원회라는 이름의 괴한들이 서울광장에 설치된 세월호 추모리본을 철거하는 등 난동을 부려
시민들의 비난을 받고 있습니다. 서북청년단은 해방 이후 미군정 당시, 반공을 기치로 내걸고
무고한 이들에 테러를 가하면서 4·3 제주도 양민학살에 앞장서기도 했던 극우 폭력조직입니다.
2014년 가을 하늘 아래 40년대 파시즘의 망령이 당당하게 거리를 활보하고 있습니다.

KAL기 괌 추락 사건

1997년 8월 6일 1시 55분에 괌 아가냐 공항 인근 니미츠힐 부근에서 발생한 추락 사고. 조사 결과, 사고 시간 전후에 소나기 또는 폭우 등으로 기상 여건이 매우 좋지 않았고, 레이더 경보 시스템에도 이상이 있었던 것으로 밝혀졌다. 관광 성수기에 따른 기장과 기체의 피로가 가중되었다는 점도 사고의 원인으로 지적되었다. 이 사고로 229명(한국인 213명, 외국인 16명)이 사망하고, 25명이 부상을 입었다.(출처 : 위키백과)

1997년 8월 7일

1997년 8월 8일

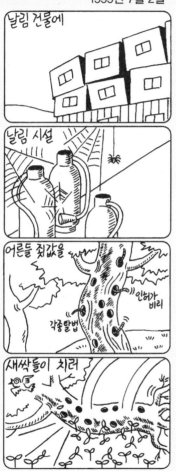

1999년 7월 2일

1999년 7월 5일

씨랜드 청소년 수련원 화재 사건

1999년 6월 30일 새벽, 경기도 화성군(현 화성시) 서신면 백미리에 있는 청소년 수련 시설에서 모기향으로 인한 화재가 발생. 취침 중이던 유치원생 19명과 인솔교사 및 강사 4명 등 23명이 숨지고 6명이 부상당한 사고. 사고 당시 해당 시설에는 497명의 어린이와 인솔교사 47명 등 모두 544명이 있었는데, 청소년 수련원으로 사용하기에는 위험 요소가 많은 건물이었음이 추후 드러났다.(출처 : 위키백과)

4장

쇼미더머니

– 내 것은 내 것, 네 것도 내 것

'먹튀'

유신헌법 초안을 만들고 초원복집 지역감정 공작 사건으로 유명한 김기춘 씨가 청와대 비서실장으로 임명되고,
불법 정치자금 수수로 벌금형을 선고받았던 홍사덕 전 의원이 민족화해협력범국민협의회 대표상임의장으로 임명된 것에 이어
새누리당이 2002년 차떼기 사건, 2008년 공천 헌금 수수로 징역형을 받은 바 있는 서청원 전 한나라당 대표를
10월 재보궐선거 경기 화성갑 후보로 공천합니다. 대선 당시 젊은 표 공략에 방해가 된다며
박근혜 후보 근처에도 가지 못했던 친박 올드보이들이 화려하게 복귀하고 있습니다.

부관참시

2009년 용산 참사 사건으로 임기를 채우지 못하고 사퇴했던 김석기 전 서울지방경찰청장이
한국공항공사 신임 사장으로 내정됩니다. 공항공사노조는 서울경찰청장 출신이 사장으로 오는 게 벌써 세 번째라며
전문성도 없거니와 용산 참사로 국민적 신뢰가 없는 사람을 공사 사장에 굳이 앉히려는 데 전 조직원이 분노하고 있다며
취임 첫날부터 출근 저지 투쟁에 돌입합니다.

＊ 부관참시(剖棺斬屍) : 죽은 뒤에 큰 죄가 드러난 경우, 무덤을 파고 관을 꺼내어 시체를 베거나 목을 잘라 거리에 내걸던 일.

무노조

심상정 정의당 의원이 JTBC를 통해 〈2012년 S그룹 노사 전략〉이라는 문건을 공개합니다.
이 문건에는 '무노조 경영'을 내세워 온 삼성의 노조 무력화 전략이 담겨 있는데,
삼성에서는 문제 인력의 체계적 관리라는 명분하에 노조를 사내 CCTV로 감시하고 차량으로 미행하고
개인 취향이나 사내 지인, 자산은 물론 주량까지 꼼꼼히 수집해 감시하고 있었습니다.
노조가 설립될 경우 모든 부문의 역량을 집중해 노조를 조기에 와해시키고 고사시키는 게
기본 방침이었음이 문건을 통해 드러납니다.

만세

'햇볕정책은 친북정책이고, 노무현 대통령이 미국에 대해 당당해야 한다고 말한 것은 반미정책'이라고 발언해
파문을 일으켰던 유영익 국사편찬위원장의 아들이 한국 국적을 포기하고 미국 국적을 택한 것으로 알려집니다.
이승만·박정희 독재를 미화하고 국가주의를 강조하며 자칭 보수우파임을 내세우는 인사들 중에는
병역과 납세의 의무를 회피하는 반국가 세력이 많습니다.

지난 7월 '정보보호의 날' 기념 포상에서 국가정보원 심리전단 소속 서기관과 국군 사이버사령부가
박근혜 대통령으로부터 대통령 표창을 받은 것으로 알려져 논란이 되고 있습니다.
전 기무사령관은 임명된 지 6개월 만에 이임식도 갖지 못한 채 전격 교체되었는데,
김관진 국방부 장관의 부적절한 인사 행태를 청와대에 보고한 소신 행위가 그 배경이 된 것으로 추측됩니다.

무적의 수령님 만세

조보근 국방정보본부장이 기무사에 대한 국회 정보위원회 국정감사에서 '남한과 북한이 전쟁을 벌여 일대일로 붙으면 우리가 진다'고 발언해 파문을 일으킵니다. 1년 국방비가 북한은 1조, 남한은 44조인 현실에서 남한이 열세라고 한다면 자존심이 상할 수밖에 없는 일이라며 비난이 쏟아집니다.

꽈당

감투가 크면

눈에 보이는게 없어지고

옷자락이 길면

유신　5공　6공　문민

아~ 옛날이여~

전교조 법외노조화

어이쿠

꽈당

(전교조합법 법원판결)

영국을 방문 중이던 박근혜 대통령이 만찬 행사에 참석하기 위해 차량에서 내리다 한복 치마에 걸려 넘어지는 장면이 '박근혜 꽈당'이라는 검색어로 인터넷 실시간 순위에 오르며 큰 관심을 모으고 있습니다.
한편 법원은 전교조 법외노조 효력 정지 신청을 받아들이고, 정부의 전교조 법외노조화 방침에는 제동이 걸립니다.
시대에 맞지 않는 패션은 움직임에 불편을 주게 마련입니다.

싹쓸이

국내 10대 그룹의 82개 상장 계열사의 사내유보금이 지난 6월 말 현재 477조 원으로 알려집니다.

2010년 말에는 331조 원이었던 데 비해 43.9퍼센트 늘어난 것입니다.

이에 따라 사내유보율도 1,376퍼센트에서 1,668퍼센트로 292퍼센트포인트나 상승했습니다.

중소 자영업자들과 서민들이 불경기에 신음하는 가운데 대기업 곳간에는 돈이 넘쳐납니다.

권력

권력과 멀면 얼어 죽지만

권력에 너무 가까우면

타 죽는다

조심해야

내가 아니라 한선교가 누나라 불러

윤상현

삼성공화국

정치

대선자금 떡값

경제

납품권

중소기업

대학

입사지원서

총장추천권

삼성이 다 쥐고흔든‥

광고

언론

‥다는 종북세력 타도하자

새 정치

권력
북한이 김정은 국방위원회 제1위원장이 참석한 가운데 노동당 정치국 확대 회의를 열고 장성택 국방위 부위원장을
모든 직무에서 해임하고 당으로부터 출당·제명키로 결정합니다. 북한 권력의 2인자이자 김정은의 고모부인
장성택 부위원장이 숙청을 당한 사건을 두고 한국 등 주변국들이 촉각을 곤두세우고 있습니다.

삼성공화국
'삼성고시'라는 사회적 폐해를 해소하겠다며 발표한 신입 채용 총장 추천제가 대학 줄 세우기 논란을 낳고 있습니다.
X파일에서 드러난 어두운 유착과 각종 불법행위들을 묵인하며 건설해온 삼성공화국의 위용입니다.

새 정치
새 정치는 당명에 새로움을 강조한다고 실현되지 않습니다.
오히려 기존의 많은 정당들이 겉으로 새로움을 앞세우면서 낡은 모습을 유지해왔다는 사실을 떠올리며
국민들은 우려의 시선을 던집니다.

침묵은 금

미국이 일본의 센카쿠열도 수호를 지지하겠다는 입장을 밝힌 이후 중국은 센카쿠열도와 이어도를 포함한 방공식별구역을
일방 선포하고 서해에 머물던 항모 랴오닝함을 남중국해로 이동시키며 항모전단 훈련을 실시하기로 합니다. 이에 대응하여
미국은 B-52 전략 폭격기를 동중국해 상공으로 비행시킴으로써 중·일 간 영유권 분쟁에 사실상 개입을 시작합니다.
세계 패권을 놓고 힘겨루기에 돌입한 미국과 중국이 일으키는 태평양의 파도가 거세어지고 있습니다.

공공의 역할

새 해가 떠도 그늘진 곳은 있습니다. 성장 과정에서 어떤 계층은 수혜를 입지만 어떤 계층은 소외되고 피해를 당하게 됩니다.
특히 압축 성장의 과정을 거친 한국에서는 계층 간 격차와 갈등이 클 수밖에 없습니다.
성장의 결실 이면에는 그늘이 짙게 드리워지게 마련이므로 이때는 공공의 역할이 중요합니다.
그럼에도 불구하고 한국의 기득권 세력은 오로지 자신들의 이익만을 위한 민영화를 강조합니다.

언론의 역할

박근혜 대통령 신년 기자회견이 MBC, KBS1, SBS를 통해 일제히 생중계됩니다.
박 대통령은 기자회견에서 국익과 경제 활성화를 강조하고 국민행복시대의 비전과 남북통일의 장밋빛 청사진을 늘어놓지만
국민적 관심사인 국가 권력기관의 대선 개입과 관련한 특검에 대한 언급은 하지 않습니다.
대통령 신년 기자회견이 언론의 역할에 대해 생각하게 합니다.

국민통제시대에서 고객낚시시대로

KB국민카드, NH농협카드, 롯데카드에서 1억여 건에 달하는 고객 정보가 유출돼 파문이 입니다.

국민을 통제하고 관리하는 데 필요했던 주민등록번호 제도가 이젠 기업의 고객 정보 수집에 활용되고 있습니다.

군정시대의 독재 권력을 유지하기 위해 만들어진 제도를 그대로 유지해온 결과,

신자유주의 시대 자본 권력을 강화하는 유용한 자산이 됩니다.

무죄

국가정보원 댓글 사건에 대한 경찰 수사를 축소·은폐한 혐의로 기소된 김용판 전 서울지방경찰청장이
법원으로부터 무죄 선고를 받습니다. 다카키 마사오는 정당 해산, '다 까지 마시오'는 무죄입니다,

공영방송 KBS의 메인뉴스 앵커 민경욱 씨가 현직 언론인 신분으로 청와대 대변인 자리에 전격 발탁됩니다.
정권의 나팔수 역할을 하며 권력의 눈에 들기 위해 애쓰던 경쟁자들이 배 아파하고 있습니다.

내란

대통령을 포함한 전국민의 개인정보 유출로 금융산업 무력화

담합비리, 부실시공을 통해 자연환경과 주요시설에 치명적 타격을 입혀 대규모 인명손실과 국민안전 위협

증거위조로 간첩조작.정부신뢰 추락시키는 대남심리전 효과. 마치 내란전쟁터진듯

그러나 우리는 애국가를 부르고 종북타도를 외치는 보수주의자들 입니다

사고,비리 주범들

KB국민카드와 NH농협카드, 롯데카드 등 주요 카드사의 정보가 유출된 사건이 국민들을 불안하게 합니다.

사상 최대 규모인 1억 건 이상의 정보 유출 대상에는 금융 당국 수장은 물론 연예인, 대통령까지 포함돼 있었습니다.

우리 주변에 보수주의자로 위장하고 내란을 획책하는 무리는 없는지 잘 살펴봐야 할 것입니다.

메달

수천억대 배임 및 횡령 혐의로 기소된 김승연 회장이 집행유예로 풀려난 데 이어
교회에 수백억대의 손해를 입힌 조용기 목사도 집행유예 선고를 받습니다. '비리천국 서민지옥'입니다.

간철수

황제노역

〈어벤져스〉

간철수

새정치연합이 정강정책에서 4·19 혁명, 5·18 민주화운동, 6·15 남북공동선언, 10·4 남북정상선언을 삭제하자고
주장한 뒤 이를 번복하여 파문을 낳습니다. 신당의 역사관이 검증받고 있습니다.

황제노역

허재호 전 대주그룹 회장은 508억여 원을 탈세하고 100억여 원을 횡령했으나 254억 원의 벌금형을 선고받습니다.
노역을 할 경우에는 일당 5억 원에 50일로 탕감된다고 합니다. 황제들은 노역 일당도 서민들과 다릅니다.

〈어벤져스〉

세계적 흥행작 〈어벤져스〉의 후속작이 한국에서 촬영된다는 소식이 전해지자 이에 따른 경제·문화적 효과에 대한
기대가 높습니다. 글로벌화로 인한 혜택과 함께 인류의 권익 향상에 대한 책임감도 가져야 할 것입니다.

적반하장

지금 대한민국이 가장 두려워해야 할 대상은 연료가 없어 군사훈련도 제대로 못하는 북한이 아니라
심화되어가는 빈부 차, 불법과 탈세를 일삼는 집단들입니다. 이들이 대한민국의 미래를 어둡게 만듭니다.

기초선거 무공천을 통한 정치 개혁을 앞세우며 민주당과 연합한 안철수 의원이 결국 당내 반발과 현실적 요구에 밀려 무공천 방침을 철회합니다. 안철수식 새 정치의 위기입니다.

회장 수령 동지를 위해

검찰의 국정원 간첩 증거 조작 사건 수사 발표가 있었던 지난 14일 저녁,
〈KBS 뉴스9〉는 박근혜 대통령 지지율이 68.5퍼센트라는 보도로 뉴스를 시작합니다. 남북한이 가까워지고 있습니다.

국가의 임무

헌법 제34조 제6항은 '국가는 재해를 예방하고 그 위험으로부터 국민을 보호하기 위하여 노력하여야 한다'입니다.
국민의 생명을 지켜주지 못하는 국가는 누구를 위해 존재하는 것입니까?

'으리'

검찰이 채동욱 전 검찰총장의 혼외자로 지목된 아이가 채 전 총장의 아들이 사실상 맞으며,
청와대가 채 전 총장을 뒷조사했다는 의혹에 대해서는 무혐의 처분합니다. 삼성의 스폰서 의혹은 사실무근으로 마무리합니다.

비극적 사건의 슬픔을 같이하는 국민들을 능멸하는 발언이 이어지고 있습니다.
국민을 미개한 개조 대상으로 보는 기득권층의 시각은 일제의 식민 통치 이념을 계승한 것입니다.
친일 청산을 하지 못해 겪는 수모입니다.

노란리본 추모물결

아이들아 미안하다

노란색 거부감들어 리본 안단다

여권

우린 오로지··

붉은색을 추종할뿐

붉은기 휘날리며 경애하는 지도자각하께 충성을 맹세합니다

언론 검,경 학계 새누리

여당 일부 의원이 노란리본에 대해 부정적인 입장을 보인 데 이어 경찰은 청와대 가는 길목에서
노란리본을 단 시민들의 통행을 통제하기도 합니다. 붉은 깃발을 휘두르는 세력들이 다른 색은 허용하지 않고 있습니다.

장관님 오십니다

세월호 침몰 당시 급박한 상황에서 중앙 부처 장관들의 의전이나 참관 때문에 초기 구조 활동이 지연된 사실이 밝혀집니다.
장관님들의 위신을 살리는 것이 사람 목숨 살리는 것보다 중요한 나라입니다.

꼬리 자르기

끄떡없습니다

마피아

꼬리 자르기

박근혜 대통령은 세월호 참사 대국민 담화에서 눈물을 흘리며 해경 해체를 발표한 직후
아랍에미리트(UAE)로 해외 순방을 떠납니다. 국민들에게 큰 상처를 입힌 권력과 방송의 유착 고리를 해체하라는
요구에 대해서는 콧방귀를 뀝니다.

끄떡없습니다

'반값 등록금은 대학에 대한 사회적 인식을 떨어뜨리고 대학 졸업생에 대한 사회적 존경심을 훼손한다'는
정몽준 후보의 말이 파문을 일으킵니다. 존경심도 돈으로 살 수 있다는 황금만능의 가치관입니다.

마피아

우리 사회에는 여러 가지 이름으로 불리는 세력들이 그 힘을 과시하고 있습니다. 스스로의 이익만을 위해
사회적 해악을 끼치는 패거리들이 법과 민주주의를 무너뜨리며 봉건시대 귀족인 양 군림하고 있습니다.

서민 체험

변호사 시절 5개월간 16억 원의 수입을 올린 것으로 드러난 안대희 총리 후보자의 전관예우 논란이 가라앉지 않고 있습니다.

정몽준 서울시장 후보는 환경미화원 복장으로 청소노동을 하며 시선을 끕니다.

선거 때가 되면 상류계층 인사들이 서민 생활을 체험하는 모습을 연출합니다.

하지만 대한민국 1퍼센트의 황제 놀음이 드러날 때마다 서민들의 한숨은 더욱 깊어집니다.

도와주세요

재난엔 속수무책이고

국정 뇌사상태에

소통안되는 행동만

그러니까 도와주셔야죠~

지방선거를 앞두고 집권 여당은 대통령을 도와달라고 유권자에게 호소합니다.
세월호 침몰이 하나님의 뜻이라는 목사의 교회를 찾아 예배하고 있는 대통령이
선거에 얼마나 도움이 될지 그 결과가 주목됩니다.

기분 업

이명박 전 대통령이 6·4 지방선거 투표소에서 신분증 대신 신용카드를 제시합니다.
수십 조의 혈세를 날린 4대강사업에 대한 책임을 면제해주고 내곡동 사저 의혹에 대해서는 불기소처분을 내린 현 정권에
고마운 마음을 담은 성의 표시인 듯합니다.

눈물

문창극 총리 후보에 대한 엄호가 이어지고 있습니다.
홍문종 의원은 '교인으로서 한 말이고 성경 말씀에 비춰보면 충분히 납득된다',
전광훈 목사는 '문 후보의 발언이 좌파 언론과 종북주의자들에 의해 왜곡됐다'고 주장합니다.

씨가 말랐나

왜곡된 역사관, 논문 표절 등으로 점철된 총리, 장관 후보들의 면면이 국민들에게 허탈감을 안겨줍니다.
존경받을 만한 인물들은 빨갱이로 몰려 거세되고 처세에 능한 파렴치들에게 출세의 길이 열리는 역사가 길었습니다.

그리운 그분

일제 식민 지배는 하나님의 뜻이라는 발언으로 국민감정에 분노의 불을 붙인 문창극 총리 후보가
자진 사퇴 압박에도 불구하고 출근 투쟁을 이어가고 있습니다.
박근혜 정권의 무능은 이명박 향수까지 불러일으킬 정도입니다.

기득권층의 체질

각계 책임 있는 자리의 엘리트 그룹이 총리나 장관 후보로 지명되면서 그들이 그간 땅 투기와 탈세, 논문 표절 및 병역기피 등
불법적 수단으로 부와 지위를 획득해왔으며 한국 사회는 이들에게 너무나 관대했다는 사실이 드러나고 있습니다.
공정하고 치열한 경쟁이 아닌 불공정한 과보호 속에서 기득권을 누려온 한국의 특권층이 급변하는 동북아의 정세 속에서
어떠한 생존 방식을 선택할지 우려스러울 수밖에 없는 현실입니다.

신의 이름으로

지구촌을 뜨겁게 달군 브라질 월드컵이 독일의 우승으로 막을 내립니다. 축구공을 향한 관중들의 함성 뒤에는
월드컵 경기장 건설을 위해 강제로 철거된 마을 때문에 피눈물을 흘리는 브라질 빈민들도 있었습니다.
극심한 빈부 차에 고통받는 현실을 잊게 해주는 월드컵 중계 화면은 폐막식과 함께 텔레비전에서 사라지고,
이제 브라질 국민들의 또 다른 신앙인 거대한 예수상이 복원, 완료됐다는 소식이 흘러나옵니다.

벌레

호랑이는

가죽을 남기고

정권은

벌레를 남겨

4대강큰빗이끼벌레

전두환 장군 만세

새

새누리당

한번만 도와주세요 바꾸겠습니다
한번만 도와주세요 바꾸겠습니다
한번만 도와주세요 바꾸겠습니다
한번만 도와주세요 바꾸겠습니다
한번만 도와주세요 바꾸겠습니다
한번만 도와주세요 바꾸겠습니다

새정치민주연합

공천갈등

나라

벌레

한강, 금강, 영산강, 낙동강 등 4대강에서 흉측한 모양의 외래종 생물체인 큰빗이끼벌레가 창궐하고 있습니다.
환경 전문가들은 강에 설치된 보의 영향으로 유속이 느려지고 호수화되면서 녹조가 심해진 결과라고 분석합니다.
이명박 정부 시절 4대강에 쏟아부은 수십 조의 혈세가 녹조라떼와 큰빗이끼벌레라는 재앙으로 돌아오고 있습니다.

새

7·30 재보궐선거를 앞두고 새정치민주연합의 전략 공천에 대해 국회의원들이 집단 성명을 내고
당원들이 집단 탈당 선언까지 하는 등 당내 반발이 커지고 있습니다. 박근혜 정권의 인사 참사와
국정 지지율 추락에도 불구하고 집권 여당은 어부지리의 꿈을 꾸고 있습니다.

나라

북한군 특수부대원 몇이 지난달 19일 오후 군사분계선을 넘어와 아군 최전방 감시초소까지 접근해
귀순자 유도벨을 누르고 도주한 것으로 밝혀집니다. 22사단에서 벌어진 북한군 노크귀순 사건,
총기 난사 무장탈영 사건 등과 함께 군기 빠진 한국 군대의 모습을 보여주는 사건입니다.

호박에 줄 긋는다고

세월호 참사의 진상을 철저히 규명하고 책임자를 처벌하여 다시는 이 땅에 비극적 사건이 일어나지 않기를 바라는 마음으로
세월호 희생자 가족들은 특별법 제정을 촉구하며 단식을 이어가고 있습니다.
그런데 그러한 유가족들에게 격려와 위로는커녕 악담을 퍼붓고 농성장을 습격해 난동을 부리는 무리들이 있습니다.
그들은 엄마부대와 어버이연합이라는 아름다운 이름으로 위장한 채 파시즘적 폭력으로 민주주의에 상처를 입히고 있습니다.

구하고 잡아라

도피 중이던 세월호 실소유주 유병언 전 세모그룹 회장으로 추정되는 사체가 발견됩니다.

경찰은 6월 12일에 유 씨가 은거한 장소 인근에서 부패한 남성의 시신을 발견했고, 무연고자 시신의 신원 확인을 위해
엉덩이뼈 일부를 떼어내 DNA 분석을 의뢰한 결과 한 달 이상이 지난 지금 유 씨인 것으로 확인됐다고 발표합니다.

검경은 한 달여 동안 죽은 유병언을 잡는다고 호들갑을 떨었던 것이 되고 맙니다.

백일

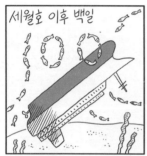

세월호 참사 이후 100일이 지났습니다.

유가족과 시민들은 도보 행진과 함께 시청 앞 광장에서 추모문화제를 열고 희생자들의 넋을 기렸습니다.

정부는 책임지는 모습을 보이지 않고 세월호의 소유주는 백골로 나타났으며 적폐는 사라지지 않고 있습니다.

억울한 죽음에 대한 국민들의 망각만을 기다리는 권력층은 잊지 않겠다는 저항의 목소리를 막는 데 급급할 뿐입니다.

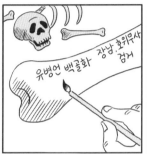

유병언 전 세모그룹 회장의 사체가 백골 상태로 발견된 데 이어 유병언 씨의 장남 유대균 씨와 구원파 핵심 신도
'신엄마'의 딸 박수경 씨가 검거되는 수사극이 재빠르게 전개됩니다. 종편을 비롯한 기득권 언론들은 앞다투어
유대균 씨의 은신 생활과 박 씨의 미모, 두 사람의 관계 및 사생활을 탐사 보도하고 있습니다.

티끌 모아 태산

시민 단체인 경제개혁연대가 아홉 개 재벌 그룹의 이사회 의사록을 분석한 결과, 재벌 총수들이 수십·수백 억에 달하는 연봉 액수를 이사회의 위임을 받는 방식으로 마음대로 책정해 가져간 것으로 밝혀집니다. 2013년에 SK 최태현 회장이 301억 원, 현대차 정몽구 회장이 140억 원, 한화 김승연 회장이 48억 원, CJ 이재현 회장이 47억 원의 연봉을 받았습니다. 삼성의 오너 일가는 등기 임원이 아니라는 이유로 연봉 공개를 하지 않고 있습니다.

어떤 결과

재보선 사상 최대 규모인 15개 선거구에서 치러진 7·30 재보선에서 새누리당이 열한 곳, 새정치민주연합이 네 곳에서
국회의원 당선인을 배출합니다. 세월호 참사에서 드러난 집권 세력의 무능과 인사 참극에도 불구하고
더 심각한 무능과 공천 참극을 선보인 야당에게 유권자들이 회초리를 들었습니다.

개같이 벌어서 정승처럼 쓴다

7·30 재보선 이후 김무성 새누리당 대표가 차기 대선 주자 선호도 조사에서 1위를 차지하는 등 주가를 높이고 있습니다.
김무성 대표는 육군 28사단 집단 폭행 사망 사건과 관련한 긴급 최고위원 간담회에
한민구 국방부 장관을 불러들여 탁자를 내리치며 호통을 치기도 했습니다.
반바지 입고 춤추며 선거를 승리로 이끈 덕에 차기 유력 대선 주자의 위엄과 힘을 자랑하고 있습니다.

잘 돌아갑니다

22사단 GOP 총기 난사 탈영 사건과 28사단 집단 학대 사망 사건의 충격이 가시기도 전에
28사단 소속 관심병사 두 명이 동반 자살하고 경기 광주 3군사령부 사격장에서 자살로 추정되는 총기 사고가 터집니다.
전시 작전권도 없이 미군에 의존하며 각종 비리를 저지르는 한국군 장성들의 행태에 병사들은 사기를 진작할 수 없습니다.
이러한 군대를 운용하기 위해 강압과 폭력에 의존하는 현실은 비극적 사고를 끊임없이 낳을 수밖에 없습니다.

안과 밖

질 낮은 곳으로

안과 밖

새누리당과 새정치민주연합이 수사권과 기소권을 뺀 세월호 특별법 제정에 합의했다는 소식에 세월호 유가족들과
시민들의 반발이 거셉니다. 특히 집권 여당에 맞서 세월호 참사의 진상을 규명하고 책임자를 처벌하겠다며
지지를 호소하던 새정치민주연합이 재보선 이후 돌변한 모습에 분노가 하늘을 찌르고 있습니다.

질 낮은 곳으로

프란치스코 교황의 출국 후에도 그가 남긴 메시지들이 깊은 여운으로 남습니다. 프란치스코 교황 관련 서적들이
날개 돋친 듯 팔리고 관련 인터넷 카페 회원이 급증하는 등 교황 신드롬이 이어지고 있습니다.
대한민국 성직자들은 그동안 무얼 했기에 이런 현상이 일어나는지 깊이 생각해볼 문제입니다.

뻥

잇따라 발견되는 싱크홀 때문에 시민들이 두려움에 떨고 있습니다. 특히 서울 석촌 지하차도 인근에서 대형 동공들이
발견된 송파구를 비롯해 강남구·강동구·서초구 등 강남권 네 개 구에서 많은 싱크홀이 발견되고 있습니다.
주민들은 공사 중인 잠실 제2롯데월드 고층 빌딩에 의심의 눈초리를 보내고 있습니다.

추행

새누리당 상임고문인 박희태 전 국회의장이 골프장에서 여성 캐디를 성추행해 경찰이 수사에 나섭니다.
피해자가 박 전 의장이 신체 일부를 건드리며 수차례 성추행했다고 고소한 것입니다.
박 전 의장은 '손녀 같아서 귀엽다는 표시를 한 것'이라며 혐의를 부인하고 있습니다.
잊을 만하면 들려오는 권력층의 성추행 소식입니다.

박근혜 대통령이 자신과 관련된 추문이 번지는 것에 대해 대통령에 대한 모독적 발언이 도를 넘어서고 있다며
분노의 발언을 쏟아낸 직후, 검찰은 사이버 명예훼손 전담 수사팀을 발족하고 감시의 눈을 치켜뜹니다.
메신저 이용자들은 검찰의 사이버 검열을 피해 러시아산 모바일 메신저인 텔레그램으로 피난길에 오르고,
외국의 메신저업체는 한국 정부에 대해 감사의 미소를 짓습니다.

대구 지하철 방화 사건

2003년 2월 18일, 대구 도시철도 1호선 중앙로역에서 김대한의 방화로 일어난 화재. 순식간에 번진 불로 상·하행 전동차 12량이 모두 불에 타고, 192명의 사망자와 21명의 실종자 그리고 151명의 부상자가 발생하였다. 중앙로역 역시 불에 타 사건 발생 후 12월 30일까지 지하철 운행이 중단되었다.(출처 : 위키백과)

2003년 2월 19일

또 터진 대형사고

처세의 달인

고건

재벌은 재벌을 낳고

또 확인된 인재(人災)

인화물질

그 생명력 놀라워

국민　문민　5·6共　3共

가난은 가난을 낳고

또 드러난 안전불감증

재난대비 허술

고건은 아무것도 아니지

비정상 사회는

탈세　부패　변칙 상속　부당 거래　빈익빈부익부　황금만능　유권무죄　무권유죄

로또 공화국인지
또또 공화국인지 또…

또

우리 생명력에 비하면

지하철　성수대교　삼풍

비정상 행동을 낳아

너죽고
나죽자

〈세월의 기억〉

〈세월의 기억〉이라는 주제의 스케치입니다.
우리가 반복해서 겪은 크고 작은 참사들은
공통된 메커니즘을 갖고 있었습니다.
기업의 비리와 안전 불감증, 땜질식 처방과 언론의 침묵,
무책임한 관료와 관대한 처분 등으로
사고의 근본 원인을 해결하지 못한 채
또 다른 참사를 예고하고 있었습니다.

이번 단행본의 표지 그림은 나무에 부조작업을 한 후
아크릴로 색을 입히는 방식을 택했습니다.
나무는 조각용으로 많이 쓰인다는 '알마시카'라는
목재를 구입해 사용했습니다.
조각을 하기 전에 우선 구상한 그림대로
나무 위에 밑그림 작업을 합니다.

밑그림을 따라 조각칼로 새깁니다.
나무의 특성상 정교한 조각이 쉽지 않았습니다.
성급하게 칼질을 하다 보면 나뭇결에 따라
의도하지 않은 방향으로 조각이 떨어져 나갈 수 있어
차분한 마음으로 작업에 임해야 했습니다.

부조작업이 완성된 모습입니다.
많은 시간이 소요되었고
쉽지 않은 작업으로 몸이 힘들었지만
처절한 현실을 나무 위에 새기는 동안
무엇보다 마음이 아팠습니다.

완성된 부조 위에 아크릴로 채색작업을 합니다.
생명보다 돈이 우선인 가치관을 바탕으로
반복되는 참사를 낳고 있는 한국의 적폐가
탐욕의 눈빛을 번득이는 뱀의 형상으로 드러납니다.
잊지 말고 기억 속에 각인해야 할 현실의 모습입니다.

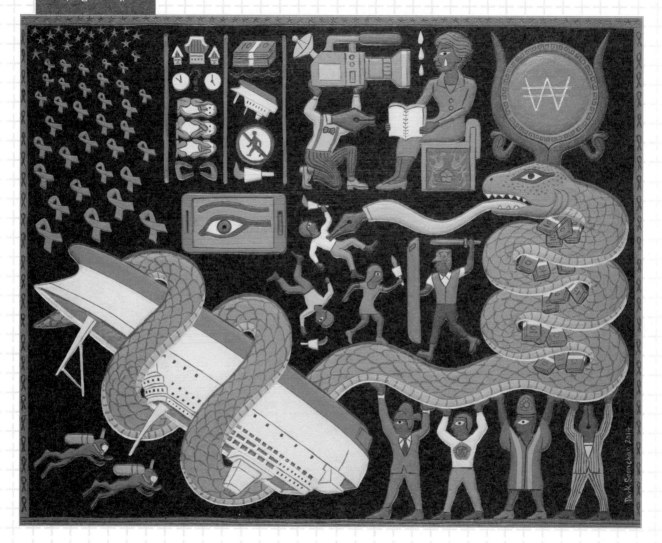

〈세월의 기억〉

세월의 기억

박순찬 지음

초판 1쇄 인쇄일 2014년 11월 28일
초판 1쇄 발행일 2014년 12월 5일

발행인 | 한상준
기획 | 임병희
편집 | 김민정·이경민·이현령
디자인 | 김경희
마케팅 | 박신용
종이 | 화인페이퍼
출력 | 경운 출력
인쇄·제본 | 영신사

발행처 | 비아북(ViaBook Publisher)
출판등록 | 제313-2007-218호(2007년 11월 2일)
주소 | 서울시 마포구 연남동 567-40 2층
전화 | 02-334-6123 팩스 | 02-334-6126 전자우편 | crm@viabook.kr 홈페이지 | viabook.kr

ⓒ 박순찬, 2014
ISBN 978-89-93642-90-2 03300